JAJP
JAJP The Japan Association of Jungian Psychology

ユング心理学研究　第7巻　第2号

日本文化とイメージの力

日本ユング心理学会　編

創元社

はじめに

　本誌を手に取られる方はユング心理学に興味のある方が多いと思うが、ユング心理学についてあまり知らない方や、その名前は聞いていてもそれがどういうものか漠然としたイメージしかない方もあるだろう。ユング心理学はある種とらえどころのなさをもっている。その理由の一つはその広さにあるのかもしれない。『ユング心理学研究』第7巻第2号となる本誌は、その広さがどういうものであるかを少し示せたのではないかと思う。

　日本ユング心理学会では毎年の大会のプレコングレスとして、他領域の専門家に講演をしていただき、ユング派心理療法家との対話を進めるシンポジウムを企画しているが、2014年のプレコングレスでは斬新な手法の日本画家として第一線で活躍をされている千住博氏をお招きして話を伺うことができた。その記録をここに採録している。千住氏の滝の絵はあまりにも有名で、誰もがどこかで目にしたことがあるはずである。目にしたことのない方も本誌の裏表紙でじっくり味わっていただきたい。「日本文化におけるイメージの力」という題で千住氏は137億年前の宇宙の誕生から話を説き起こし、人間にとっての芸術の意味、さらには気候風土が育んだ日本人の芸術に向かう姿勢の特殊性についてひも解いていかれ、さらにはご自身の創作活動の歩みやその実際についてその手の内を惜しみなく示されている。そのお話のスケールの大きさは、千住氏の作品のもつスケールの大きさに通じるものであったが、それを受けた指定討論者のユング派分析家である川戸圓も指摘しているように、それはユング心理学のもつ果てしない広さとも通じるものである。また千住氏の創作に向かう姿勢が、心理療法家がクライエントに向かう姿勢と非常に近いことを感じられる臨床家は、同じく指定討論者のユング派分析家である角野善宏の指摘を待つまでもなく、少なくないのではないだろうか。シンポジストらの議論の中では

「なぜ滝を描くのか」というところで、「死と生」が問題になっているが、ちなみにユングは相反するものが統合しようとするときの緊張、そしてそこにもたらされる圧倒的なエネルギーの象徴として滝を捉えている。それは不可能な統合を可能にする第三のものであり、夢やファンタジーにもなぞらえられる（CW14, 705）。千住氏の滝の絵の前で多くの人が感動を覚えるのは、そのエネルギーが直接に心に伝わってくるからかもしれない。

　河合俊雄の「ユング派心理療法の新しい可能性」は日本ユング派分析家協会主催の研修会での講演の記録であるが、ユングが独自の心理学を確立してから100年、河合隼雄によって日本にユング派心理療法が導入されてから50年という節目である現時点でのユング派心理療法の意味づけを明確に示したものである。そこでは人格を閉じられたものとして考えるのが近代心理学であるのに対し、ユング派の心理療法は「モノとか自然にまで広がるオープンシステムとして心を扱う」と説明されており、ユング心理学の広さが確認されている。また時代とともに心の問題も姿を変え、心理療法に求められるものも変わってきている中で、過去のことにさかのぼるといった事実を扱うよりも、イメージを扱うユング派のあり方に、むしろこれからの心理療法の可能性をみている。

　研究論文としては投稿論文から採用された2編を掲載している。前川美行の「『針を抜く夢』についての考察――共同体からの離脱と『個』の成立」は、東日本大震災で被災した30代女性が心理療法の中で見た夢に現れた「針を抜く」というイメージを取り上げ、昔話「蛇婿入」での針による蛇殺しも参考にしながら、自分で針を抜くという行為が集合性の中から個を確立していくことを象徴的に表したものとした興味深い論文である。

　次に奥田智香子の「宮沢賢治三作品の心理学的理解の試み――転回に着目して」は、『小岩井農場』から『オホーツク挽歌』、そして『銀河鉄道の夜』に至る宮沢賢治の心のありようを転回という視点をもとに丹念にたどったものであり、ある地点から引き返すという転回のたびに、賢治がイニシエートされていく様が示された労作である。

　学会の大会印象記としては、吉川眞理が2014年9月に英国ケンブリッジで開かれたA Joint Jung/Lacan Conferenceについて、また林公輔が2014年

7月にドイツ、ベルリンで開かれたギーゲリッヒ（Wolfgang Giegerich）を中心とした学会 The International Society for Psychology as the Discipline of Interiority の第2回大会についてその印象を寄せている。どちらも生き生きとした報告で、学会の雰囲気を擬似体験させてくれる。

　最後に二つの文献案内がある。一つ目は北口雄一による「心理療法実践に関するユング心理学の基礎文献」ということで、ユング全集の第16巻が紹介されている。ユングが考えた心理療法実践とはどういうものであったか、興味のある方はぜひお読みいただきたい。それは「How to」への期待とは対極にあり、技法ではなく治療者の存在そのものが問題となる。そしてこのあり方はフロイトもしくは精神分析との対決を通して生まれてきたものであることなどが丁寧に紹介されている。ここでも技法にはくくれない、ユング心理学の広さがあるといっていいだろう。

　二つめの文献紹介は岸本寛史による海外文献の紹介で、ナンシー・クリーガー（Nancy Krieger）の "*Bridges to Consciousness: Complex and Complexity*（意識への橋、コンプレックスと複雑性）" を取り上げている。ユング派には珍しくニューロサイエンスの視点からユングのコンプレックスと元型の理論を再考しようとしたものである。ユングのコンプレックス理論が身体生理反応も測定した言語連想実験から始まっていることを考えるならば、こうした捉え方にもっと目を向けていくことも必要なのかもしれない。

　千住博氏の滝のイメージとともに、本誌が読者に何らかのインスピレーションをもたらすものであることを願っている。

　いつもながら本誌の出版は創元社の渡辺明美氏の全面的目配りのもと、柏原隆宏、小林晃子両編集者の綿密な作業によって初めて可能になったものである。心から感謝を申し上げたい。

編集委員長　豊田園子

目次

はじめに　003

シンポジウム

基調講演「日本文化におけるイメージの力」　千住　博　013

日本文化とは何か
日本文化と四季／クールジャパン、クラシックジャパン／宇宙誕生、ヒトの誕生、「人間」の誕生／芸術の誕生／「和」の文化／「今ここ」を大切にする発想

日常を描く浮世絵
歌川広重の浮世絵で描かれたもの／葛飾北斎の浮世絵に通底するもの

西洋絵画が描いているもの
浮世絵が印象派に与えた影響／印象派と「現在主義」／ゴッホと浮世絵／『フォリー・ベルジェール劇場のバー』／マネが絵で描き出したもの／黒田清輝と印象派／絵画の新しい流れを生み出すもの／ルネッサンスの作品で描かれた人間性

千住博が描いてきたもの
時を描く試み／滝を描く／生きているという感動に震える体験／傷を直視する／現代作家に求められるもの／作品に対するさまざまな試み

討論──基調講演を受けて　指定討論者　川戸　圓・角野善宏　047

ユング心理学の視点から
時間と偶然の意味／絵の秘める可能性

日本文化が表現してきたもの
宇宙的なイメージをもつ日本画／河合隼雄と『源氏物語』／『源氏物語』の女性たち／『源氏物語』のもつ新しさ、普遍性

芸術家としての意識
「美」とは生きる喜び／相反するものを調和させる／答えのない問いかけを続ける／作品を手放すとき／芸術家にとって大切なこと／一度目の失敗を乗り越え、次に活かす

講演録

ユング派心理療法の新しい可能性　　　　　　　　　　　　河合俊雄　069

論　文

研究論文

「針を抜く夢」についての考察──共同体からの離脱と「個」の成立
　　　　　　　　　　　　　　　　　　　　　　　　　　前川美行　091
宮沢賢治三作品の心理学的理解の試み──転回に着目して
　　　　　　　　　　　　　　　　　　　　　　　　　　奥田智香子　111

印象記

A Joint Jung/Lacan Conference 印象記　　　　　　　吉川眞理　133
第2回 The International Society for Psychology as the Discipline of Interiority 大会印象記　　　　　　林　公輔　137

文献案内

心理療法実践に関するユング心理学の基礎文献　　　北口雄一　143
海外文献　　　　　　　　　　　　　　　　　　　　岸本寛史　149

『ユング心理学研究』投稿規定（2012年9月改定）

日本文化とイメージの力

表紙絵画　千住　博
　装丁　濱崎実幸

シンポジウム

本稿は、2014年6月21日に文京学院大学本郷キャンパスで行われた日本ユング心理学会（JAJP）第3回大会プレコングレスのシンポジウムをまとめたものである。

基調講演「日本文化におけるイメージの力」

千住　博
日本画家

日本文化とは何か

日本文化と四季

　私はずっとニューヨークに暮らしていますので、日本に帰ってきたときの、まるで低温サウナの中に入ってきたような、もわっとした湿気があまり好きではありません。ただ、今日などは何となく梅雨らしい感じがあって、それをとてもいいなと思うようになっています。

　今回、時差のこともあるので、ニューヨークを出発した後、ハワイで数泊してから日本に戻ってきたのですが、ハワイというのは、雨季はありますけれども、基本的には1年中夏のような天気です。また、私が暮らしているニューヨークは冬と夏しかなくて、そこに私は20年暮らしています。アメリカの西海岸だと、1年中春みたいなものですし、日本のように、春夏秋冬という四つの季節が明確に分かれている国というのは、実はあまりないんですね。

　そう考えてみると、この四季に恵まれている日本というのは、精神衛生上という言葉を使っていいのかもしれませんけれども、私たちにとても素晴らしい恩恵をもたらしているのではないかということを感じるわけです。夏は暑い、そして冬は寒い。だからこそ、人々はそこに知恵を働かせて工夫をして、夏は涼しく、冬は暖かく過ごすために、障子、襖（ふすま）、簾（すだれ）といっ

た生活の知恵が生まれた。このように、風土というものがまずあって、それに密接に関わって、さまざまな文化が生まれてきたのだということは、忘れてはいけないことだと思います。

　私は専門の画家ですので、その日本の文化というものをやはり冷静に見たい。そこで、ニューヨークに暮らしているということは、やはり大きな意味があります。日本から離れて初めて日本が、日本文化が見えるということを、自分の体験としてとても感じてきました。今日は、そういうことを踏まえながら、いろいろなお話をさせていただければと思います。

　私は画家ですので、基本的にはこうやって皆さんの前でお話をするということはあまりいたしません。ただ、私は生前の河合隼雄先生をほんの少しだけ存じ上げておりますので、ぜひお話をさせていただきたいと思い、今日は参ったわけです。

クールジャパン、クラシックジャパン
　2020年に東京でオリンピックが開催されることが決まったわけですが、このオリンピックというのは単にスポーツの祭典であるのみならず、さまざまな分野における文化、または都市開発の大きな一つの転換になっています。例えば建築で言えば丹下健三、ファッションで言えば森英恵、グラフィック・デザインでは田中一光、亀倉雄策、そういう天才的な先輩たちが、今日の日本を創り出し、創り上げてきた。その非常に大きなきっかけとなったのが、1964年の東京オリンピックでした。

　では、2020年に東京オリンピックが開催されるとなると、日本はいったい何を打ち出していくべきか。日本って何だろうということを、国の指導者たちは本当に分かっているのでしょうか。

　「クールジャパン」と言いますね。でも、「クールジャパン」って、要するにアニメとラーメンですよね。「クール」ジャパンでいいのでしょうか。

　確かに報道などを見ていると、海外に「クールジャパン」が興味をもたれているように思われます。直訳すると「格好いい日本」という意味ですから、文法的には正しい。しかし「クールジャパン」という言葉は日本人が日本人向けにつくった言葉であって、海外で「クールジャパン」と言っ

ても、「クールジャパン？　なんじゃそりゃ」と言われる。確かに、フランスなどに行くと、アニメはあります。

　しかし、日本には、「クラシックジャパン」というのがあるわけです。これは何かというと、お茶、生け花、文楽、能などのさまざまな日本の伝統的な文化です。京都に行くと、本当に多くの外国の方がいらっしゃるな、といつも思うのですが、圧倒的に興味があるのは「クラシックジャパン」のほうなんですね。

　そうしたことを考えた場合に、では日本の文化とは何なのか、ということを、私たちは一度整理してみる必要があるのではないでしょうか。そういうことを踏まえてお話しさせていただきたいと思います。

　日本文化の特徴は何か。それがいったいどういう形で海外に影響を与えたのか。その非常に良い例の一つが浮世絵です。しかし、ここで話を一気にそこにつなげてしまう前に、芸術とはいったい何かということからお話をしないと、なかなか説明が難しくなりますので、簡単にその問題について振り返ってみたいと思います。

宇宙誕生、ヒトの誕生、「人間」の誕生

　皆さん、想像してください。今から137億年前、今私が手にしているこのペットボトルの中に、この部屋の中のものが全部入ったと。そして日本中のものが全部入った。世界が入った。地球が入った。宇宙が全部入った。それがもう限界だということで、ここから一気にぶわっと溢れ出たと思ってください。そんなのむちゃくちゃだと言わずにそう思ってほしいんですけれども（笑）、これが宇宙誕生です。出たときの摩擦で熱が起きて、大きな爆発を起こし、そして約３分で今のこの宇宙の大きさに広がっていった。そして、今もどんどん、どんどん、宇宙は広がっています。１の後に０を60個つけた年数、それでこの宇宙の膨張は止まると言われています。そしてそこからはまた緩やかに元の小ささに戻っていく。それが永遠に繰り返されているのがこの宇宙だという考え方です。この私の考えの大もとは、東京大学名誉教授の佐藤勝彦先生の「インフレーション理論」という考え方で、今の宇宙論の世界の根本にある考え方です。

今度は地球のことを考えてみたいのですが、このペットボトルのふたを地球だとします。そうすると、太陽はここからどのくらいの距離にあると思いますか。ちょうどこの大きさが地球だと思ったら、太陽はここから145km先なんです。そしてこの大きさが地球だとすれば、太陽の大きさは、この100倍です。そういう宇宙に私たちは生きているわけです。これが宇宙のスケールです。まずはこういうイマジネーションをもってください。

　その宇宙の中で、ある日、ある時、10個の小惑星がぶつかった。そんなに広い何もない中で10個もぶつかるなんていうことがあったんですね。そんなこと、本当に奇跡のそのまた奇跡ですよね。こうしてできたのが地球です。これが46億年前のお話です。だから、地球というものができたこと自体がほとんど奇跡なんだというふうに私は思います。

　そして、46億年前に地球というものができて、そしてガスができて、海ができたわけです。しかしその後、もう一個隕石がぶつかって、地球上の海は一度全部干上がってしまいました。そしてまたガスで海ができた。つまり、今の海は２回目にできた海なのです。そうやってできたこの地球で、今からだいたい36億年ぐらい前に、初めての生命が生まれたと言われています。

　そして、そこからいろいろあって、今からだいたい35万年前にネアンデルタール人という「ヒト」たちが出てきたわけです。ネアンデル谷にあった洞窟から発掘されたので、ネアンデルタール人と呼ばれます。このネアンデルタール人には大きな特徴がいくつかあり、一つはお墓を作って埋葬していたということです。このことから、死ということに対する意識、ある種の宗教心があったのだろうと言われています。もし同じことをチンパンジーやオランウータンがやっていたら、それはもはや「ヒト」です。つまり、ヒトとは何かと言われたときにまず考えられるのは、お墓を作るということです。

　そしてもう一つ、とても面白いことがあります。まだその頃は言語が発達していませんから、「あー」「うー」などで、言葉を発することはできませんでした。しかし、鳥の骨に穴を開けた笛を吹き、ふーっと普通に吐く息を音にすることで、さまざまな、哀しみであるとか、喜びであるとか、

辛さであるとか、少なくとも、そうした気持ちを伝え合うすべを身につけていった。つまり人と人がコミュニケーションし始めることにつながる。それが楽器のもつ意味です。

　この笛は大英博物館などで復元され、私たちはその音を聞くことができるわけですが、その音色を聞くと、本当に心の琴線に触れるというか、そんな感じがします。このように、何とか自分の気持ちを人に伝えていこうとして、人と人がコミュニケーションをする。「人」の「間」と書きますが、これが「人間」ということです。つまり「人間」とはコミュニケーションをする人たちのことです。そのツールが楽器だったのです。そうやって、コミュニケーションしていこうとし始めた人たちが現れたのが今から35万年ほど前です。

芸術の誕生

　しかし、このネアンデルタール人は全滅してしまいます。つまり私たちの直接の祖先ではないのです。そして、それと入れ替わるように地球上に現れてきたのが、いわゆるクロマニヨン人です。これもクロマニヨン洞窟から見つかったからクロマニヨン人と呼ばれていますが、これが私たちに直接つながる祖先です。このクロマニヨン人たちが、さらに芸術を深く追求することになります。

　このクロマニヨン人たちの19万5000年前の遺跡からは、縫い針やビーズの首飾りが出てきています。そして、ネアンデルタール人の笛よりももっと複雑な楽器が出てきたり、マンモスの牙にものすごく緻密なマンモスの絵が描いてあったりする。そういうことがこの時代に始まりました。そして、ラスコーやアルタミラの洞窟の壁画を描いたわけです。

　「壁画」というからには壁に描かれているのだろうと思っていたのですが、実は壁ではなく天井に描かれているのです。つまり、星座とのつながりがあるのだろうなと思います。こんなことだけでも、私はとても感動します。

　では洞窟の壁画にはどんな意味があるのでしょうか。また、いったい何が描かれているのでしょうか。私がまだ大学生だった頃は、狩りの成功を

祈るために壁画が描かれたと言われていましたが、それはまったく違うというのがだんだんと分かってきました。なぜなら、そこに描かれている動物を食べた形跡がないからです。では何なのかということになりますよね。それは、ある神話を語り継いでいたとしか言いようがないのです。例えばある人が、外で大きな動物を見たとします。それはバイソンだったりウシであったりするでしょう。それを伝えるために「足は6本あった」「いや8本だった」「じゃあもうちょっとよく見てみよう」となる。そこで、「ああ、4本だ」と分かり、それを描く。

　つまり、絵を描くということは、当時の人たちにとってはコミュニケーションしながらより正確な情報を得るための、そしてそれを分かち合っていくための手段でもあったのです。もっとよく知りたい、もっといろいろ具体的に考えてみようじゃないかということです。つまり、これは芸術であると同時に、サイエンスだったのです。このように、芸術というものが誕生した瞬間には、何かを知ろうとする、そして客観性を身につけていこうとする、そして知識を蓄えていく、情報を共有する。そういうことがあったのでしょうね。そうやって、コミュニケーションする、つまり「人」の「間」と書く人間として、さらに進化を遂げたわけです。

　そういうイメージをまずもっていただいた上で、いよいよ次からは日本のことを考えてみたいと思います。

「和」の文化

　かつて、非常に早く文明を発達させた都市から、西から東にいろいろなものが移動していきました。これをシルクロードと言いますが、日本はユーラシア大陸からさらに向こうの一番東の端にあって、さらに日本の東にはもう海しかないので、日本はシルクロードの最終地点として、吹きだまりのように、さまざまな時代の、さまざまな種類の文化、宗教がどんどんと集まってくることになりました。

　よく日本は仏像の宝庫だと言われますが、日本にはガンダーラ美術のものもあれば、中国のものもあれば、ヘレニズム時代のものもある。結局すべてが日本に流れ着いて、そこで止まっているわけです。だから、世界で

一番仏像の種類が多いのは日本だと言われています。そういうさまざまな時代の、さまざまな価値のものが、日本には同時に存在しているのです。

　そうなってくると、当然、人々は「調和」という考え方を生みだします。その「調和」ということを一番初めに言ったのは、聖徳太子ですね。聖徳太子が、「和を以て貴しとなす」と言った。その基本は、いろいろな意見を出し合って、それを全部テーブルの上に乗せて、そこである調和を見いだしていこうという、こういう発想です。つまり、これは平和創造のプロセス（peacemaking process）だと思ってもいいと私は考えています。この「調和」という考え方は、今日の日本においても、いろいろなところに大○○ている考え方です。

○○日本の宗教観がそうです。お正月は神社に初詣。２月は○○ー。結婚式ではウェディングドレスを着て、お葬式は仏式○○があって、10月にはハロウィン。そして12月24日にはみ○○キリストの誕生を祝って、12月31日にはゴーンと除夜の鐘。○○うるさい国だったら殺し合いになっていると思うんです○○に、宗教でさえも日本は調和させてしまう。これが日本の○○な特徴なのです。

○○、実はとても独特な特徴があります。和風スパゲティー○○パゲティーの上に納豆が乗っかっていますね。普通じゃ考○○物ですよ。なのに、調和させてしまう。カツカレーだって○○ア生まれのカツと、インド生まれのカレーが白いご飯の○○る。外国に行っても「カツカレー、プリーズ」なんて言○○ものは出てこないわけで、これはもう日本料理であるわけ○○の「和」という発想のとても素晴らしいところだと私は

○○にする発想

○○では、また宗教によっては、来世ということをとても重○○し、日本においては、今この足元に神々の恩恵が集まると○○がっていきます。なぜならば、先ほどお話ししましたよう

に、日本には四季があって、春は桜、夏は美しい若葉、秋は紅葉、そして冬になったら雪が降って、そしてまた春になれば花が咲く。いつもそうなっていくわけです。ここには何でもあるし、ここがとても大切だと考える。加藤周一の言葉ですけれども、それを「現在主義」といいます。「今ここ」、今この瞬間にすべてが集まるのであって、それは来世ではない。それを支えるにふさわしいさまざまなものが周辺にあるから、「死んでからこそ自分の花が咲くものよ」という発想ではなく、「今ここに咲かなければだめだ」という発想を生んでいる。これが、やはり日本の文化の非常に大きな特徴だと思います。

　そして、後にも述べますが、この考え方が18世紀のヨーロッパにおいて衝撃をもって迎えられ、印象派という大きな美術運動が開いていく非常に重要なきっかけになっていくわけです。

　ここまでざっとお話ししたとおり、本当に奇跡のように、この地球という星が誕生して、その上に日本というさまざまな季節の恩恵を感じることのできる風土ができて、そして地理的には西からどんどんといろいろな宝物が流れ着いてきた。そうして当然、この自分の足元にこそ、現在にこそ、いろいろなものが存在しているに違いないという発想が生まれた。それがこの日本だということです。

　よく「わび」「さび」という言い方をしますけれども、これは日本文化の中では、やはりとても重要な言葉です。「わび」とは何か。「こんなおもてなししかできないでごめんなさい」と、お詫びをする気持ち、つまり、空間に対する尊敬心です。一方「さび」は時間が経ったら錆びていく。つまり時間に対する尊敬心です。つまり「わび」「さび」というのは、空間と時間に対する尊敬心なのです。

　なぜこういうものが生まれたのかといえば、今お話ししたように、日本では、例えば地方の何ということのないお寺に行っても、そこにある仏像が実は7世紀のものだとか5世紀のものだとかということが普通にあるわけです。だから時間や空間に対してのある尊敬心というものを、そこに生んでいくということは、当然考えられると思うのです。

　このような長い歴史をよく考えてみたときに、日本の素晴らしさって何

だろうか、海外の人たちが日本に求めているものはいったいどういう文化なのだろうか、その一つの答えが、皆さんの中にも出てくるかもしれないですね。

日常を描く浮世絵

歌川広重の浮世絵で描かれたもの

　そういうことを前提にして、ここからは、絵を見ながら、話を進めていきたいと思います。

　まず図1は、歌川広重の浮世絵で『日本橋』です。働く普通の人々が日本橋を渡っている。商人もいれば、普通の子どもたちもいれば、大名行列のようなものもこの中には描かれています。つまり、自分たちの日常、「今ここ」こそが描くべきものだという、非常に強いメッセージに裏打ちされている作品だと言っていいと思います。

　ヨーロッパのこの時代の絵画がどういうものだったのかは、また後でお見せしますが、とにかくこの絵を見て感じることは、この広重や、後ほどお見せします葛飾北斎を始めとして、江戸時代では、日常の自分の足元こそが描くべき世界だ、という発想をしていたということです。

　次の図2『東海道五十三次　赤坂』も、普通の一般庶民の日常の姿を描こうとしていますが、特にこの広重の場合は、自分の足元の空気感、それも非常に平和な、心の安定感のようなものがどの作品にも通底している、

図1

図2

そういう世界観があります。非常に穏やかな、広重自身の性格というか人柄というものが浮かび上がってきていると思います。何も事件は起こらない。何も衝撃的なドラマはない。だからこそ素晴らしい。これが、私たちの今現在ここに住んでいる喜びだと。ここに神々の恩恵は宿っていると、こういう考え方です。本当に普通の日常の、どうってことはない話が大切なんだということが広重のものすごく大きな特徴です。「現在主義」と先ほど申し上げましたが、このように自分の足元、自分の日常を描いていることの素晴らしさというのは、後ほどお見せする世界中の巨匠たちの作品を見ると、つくづく衝撃的な絵なんだなということが分かります。

図3『富士三十六景 雑司かや不二見茶や』には富士山が描かれていま

図3

すけれども、富士というのは、まさに平和の象徴、安定の象徴で、何も事件が起こらない、何も衝撃的な出来事がない。お茶でも飲みながら、「ああ、今日も一日平和だったな」というような、ある充足感に満ちた世界観というものを提示している。広重は、「平和とは何か」ということを描いたと言ってもいいでしょうね。平和とか健康とかは、失ってみて初めて気づく種類のものですよね。その一番失ってはいけない何かということを描いている。これが広重だと思います。

このように一番失いたくないものを

通して、事件がないこの日常というものこそが描くべきテーマ、世界であるという絵は、ヨーロッパにおいては衝撃をもって迎えられるわけです。

葛飾北斎の浮世絵に通底するもの

　図4は北斎の『富嶽三十六景　神奈川沖浪裏』です。波の中で人々が翻弄されています。こんな大きな波が来たら、この人たちの命はどうなるか分からない。次の瞬間のこの人たちの命の保障はないですよね。こんな人々の姿を描くなんて、いったいこの男はどういう性格をしているのだろうと思います。しかし、描かれているのは生きている人、生きていて、なおかつ生きようとしている人たちです。生き続けるために必死になっている人々を、非常に突き放した目で見ている。その生と死のぎりぎりの一線を描いているのが、北斎のすごさです。そして、日常にドラマを見出すこの北斎こそが、印象派の生みの親と言われているのです。

　そして、向こうに描かれている富士は何なのか。結論だけ言いますけれども、私の解釈では、北斎にとっては、富士から向こう側は死の世界、富士というのは死の象徴なのだと思います。自然に逆らうことができない、脅威に翻弄されている人々の姿を、静かに死を、見つめている。これが北斎の作品すべてに通底した北斎の世界観です。

図4

　図5の『富嶽三十六景

図5

尾州不二見原』でも働く普通の人を描いていますが、その一生懸命働いている後ろ遠くに富士がある。つまり、背後から死が見つめている。死は常にあなたの後ろにいますよと。「死を忘れるな」というヨーロッパの「メメント・モリ（memento mori）」の発想にとても近いですね。ヨーロッパの死というものに対する意識は、誰しも死を常に忘れないというものです。西洋の絵では死の象徴として骸骨を描きますが、もちろんヨーロッパの16〜17世紀の絵画の影響を北斎が受けているはずがないので、北斎もまた、遠く離れた東洋において、「メメント・モリ」としての富士を描いていたということになります。「どんなに働いたって、おまえらは死ぬんだよ」と言っているような、あるニヒリズムというのでしょうか。そういう虚無思想のようなものが北斎にはあります。そう思って見ると、北斎の作品というのはとても腑に落ちてくるところがあるように、私はいつも感じています。

　北斎には他にも富士登山をしている人の姿を描いた『富嶽三十六景　諸人登山』という絵がありますが、これも、遠くから見るときれいな形をしている富士山も、間近で見たときには、ゴツゴツの断崖で石や岩の塊で本当に厳しいもので、これが人生なんだと言っているようです。そしてこの富士山を登って最終的には何が待っているかといったら死であると。そこに北斎の桁外れのダイナミズムがある。富士登山をする人々の姿を通して、人生について私たちに投げかけてきているのではないだろうか、とそういうことを感じるわけです。

　このように西洋絵画的なロジックで読み解けるわけですから、ある意味では西洋の人々にとっては分かりやすかったのかもしれません。

　他にも、『諸国滝廻り　下野黒髪山 きりふりの滝』という絵では滝が描かれていますが、本当にどろどろした不気味さがあって、実に北斎らしい、北斎に通底するイメージというものが描かれています。もちろん名もない滝ではないとは思いますけれども、北斎にかかったら、普通のちょろちょろ流れる滝、水の流れだけでもこんなにドラマがあるんだと。広重は、日常だからこそ、ここが平和であるというテーマを盛り込んでいたのですが、北斎の絵は、ある種の残忍さというか、突き放し方というのが並大抵では

ないなと思います。自分の描くべきものは、どこにでもあるのだというような、非常に強いメッセージを私は感じます。

　また、北斎で面白いのは、いわゆる一点透視の遠近法を完璧にマスターしていたということです。鎖国で窓口は限られていたにせよ、さまざまな外国の文化というものが間違いなく入ってきていましたから、一点透視図法というものにも精通していたわけです。しかし、北斎の場合は、西洋的な一点透視ではなくて、都合のいいところだけ一点透視をうまく使って、それに縛られていない。たしかに北斎の絵を見ると、瓦が全部横に平行になっていたりしますが、本当は、こんなことはあり得ない。一点透視図法が完璧に頭に理解された上で、空間に対する自由さがある。こうしたことが、実は印象派にものすごく大きな影響を与えたのです。つまり、絵画の自立ということです。

西洋絵画が描いているもの

浮世絵が印象派に与えた影響

　図6はセザンヌ（Cézanne）の『サント・ヴィクトワール山』という絵ですが、この山の形は富士山に似ていると指摘されています。そしてこの上から下に突き抜ける木の入れ方も、まさに北斎の非常に大胆な構図そのものではないかというふうに指摘されているわけです。

　セザンヌは、絵の中か

図6

らあらゆる物語性を排除したといわれている作家ですが、富士のような形の山にせよ、木の描き方にせよ、日本の浮世絵から強い影響を受けています。

　この時代よりちょっと前の時代は、大変な戦闘のシーンであったり、神話のあるシーンであったり、お金持ちの肖像であったり、王様の姿であったり、あるいは誰かの自慢だったりを描いていて、こう言ってしまうのも何だけれども、このセザンヌの絵のような、「どうでもいい」ような風景というのは描いていませんでした。このような絵がセザンヌの時代に初めて出てきたというのは、浮世絵から非常に大きなインスパイアを受けたのではないかと考えられるわけです。

　図7はクロード・モネ（Claude Monet）の"Bridge over a Pond of Water Lilies"という絵ですが、これは自分の家の庭を描いています。これも、ヨーロッパの長い歴史の中で考えると、ありえないことでした。なんで絵描きが自分の家の庭を描かなければいけないんだ、と。

　従来の絵描きというのは、宮廷画家として、例えば王様に仕え、そうした前提で、絵画のさまざまなモチーフというものを展開させていくと考えられてきました。しかし、この絵ではそういうことから自立しています。

　おまけに、これは日本の太鼓橋をそのまま造らせているわけですが、浮世絵を見て、モネはこういう橋に感動したのですね。こうやって自分の家の庭を描いた。自分の足元にこそ描くべきものがあるということが、この絵では実践されているのです。

　このクロード・モネという人は、この世の中を、光と影、つまりこういう有るか無いか分からないようなぼわっとした感じで、ある種幽霊のように描いた。特に有名な作品が、『印象・日の出』という作品ですが、ゴロンと実体を描くのではなくて、光と影だけで

図7

その「印象」を描いたので、「こんなのはただの印象ではないか」と罵倒されたわけです。それが印象派という呼称のはじまりだったのです。

印象派と「現在主義」

なぜモネはそのような絵を描きはじめたのか、そこにはいろいろな理由が考えられるわけですけれども、この時代、ちょうど油絵の絵の具がチューブで持ち出しできるようになりました。そこで、画家たちがイーゼルとキャンバスを持って外に出かけていったら、あまりにも燦々と降り注ぐ太陽を前に、その感動のあまり、この光を描きたいと思うのは当然のことでしょう。それでは何を描くかというと、ちょっと近所に行って、とりあえず隣のお嬢さんたちを描いてみるわけです。それがルノワール（Renoir）です。

でも、この印象派の時代、実はみんな写真を使ってさまざまな構図を検討していたことが分かってきました。ですからモネに関しても、この絵と似たような写真の資料というものが出てきているわけです。そういうものを通して構図を考えて描いている。つまり行き当たりばったりに描いているわけではないということです。そうしながら、外に出て、溢れるような太陽の光そのものを何とかしてとらえようとして、今、自分に降り注ぐこの光こそが神からの恩恵であると考える。これは先ほどの「現在主義」ですよね。

ただ、このモネの場合の面白いところは何かというと、結局、影の部分がものすごく雄弁に何かを語りかけてきているということです。先ほどの「メメント・モリ」のような、生に対する死であるか、希望に対する絶望であるのか、それは見る人たちの判断によって違うかもしれませんが、ただ単純に天気がいいから明るい絵を描こう、というだけの話ではない。そこがモネの作品に深みを与えているところです。

このように光と影で単純に現象だけを描いているというのが印象派だというふうに誤解をされることが多いのですが、印象派というのは、必ずしも、光と影で明るい絵を描いた人たちというわけではないのです。後から出てくる多くの作品は、室内を描いていますし、印象派を特徴づけるもの

は何かと言えば、自分の足元を描いているというところです。つまり、ここに浮世絵の影響があるのです。

　浮世絵はパリ万博で出品されて注目を浴びたというのが有名ですが、必ずしもそれだけではありません。陶器や磁器の包み紙としてもヨーロッパに渡っていました。陶器ももちろん大変素晴らしいものなんだけれども、それを包んでいるこの紙はなんだ、ということで注目を浴びたわけです。当時、浮世絵は大量に刷られていましたから、失敗作もいっぱいあった。特に北斎には『北斎漫画』という本がありますが、「漫画」といっても要するに図鑑のようなものです。それには刷り損じなどが大量にあって、それらは主にパッケージの紙として使われていました。そしてそれらが人々の目に触れたとき、人々はその包み紙を見て驚いた。その世界観の新しさに衝撃を受けた。自分の足元を描いていいんだということに気がついたわけです。

　そして、さまざまな天才的な芸術家たちは、自分なりのやり方で、モネであればこういう形で、それをかみ砕いていったわけです。つまり、ヨーロッパの伝統的な絵画のもっている、ある種の暗さのようなものも引きずりながら、外の光というものにも非常に興味をもちながら描いたのは、どこかの王様とか王女様ではなく、日常の、普通の、隣にいるお嬢さんたちでした。それによって自分の足元を描こうと考えていたわけです。

　また、ドガ（Degas）はバレエの踊り子を描いた絵が有名ですが、ドガというのは、とにかく写真がものすごく好きで、おびただしい数の写真を撮っていました。あるときは、さっき話したモネと、それからマネの姪のお嬢さんをモデルにして、ドガが試し撮りをしています。しかし、「全部失敗した」と日記に書かれていたりして、言ってみれば、本当に写真のことで頭がいっぱいだったのです。

　踊り子の絵も、写真でさまざまな構図を検討しながら描いていったということが当然ありうるわけですし、そのとおりの資料が出てきます。でも、描かれているのは普通のバレエのシーンではなく練習風景です。この練習風景という日常を撮るというところで、ドガがドガとして存在しているわけです。本番の舞台だけを描くのではなくて、自分の足元の日常、その練

習している風景にこそ美を見いだしている。自分の足元に美を見いだしているということですね。

また、ルノワールには『ピアノの練習』という有名な絵がありますが、ルノワールも王侯貴族とか王妃様といったパトロンではなく、近所の女の子たちが普通にピアノのレッスンをしているところを描いています。ルノワールとモネが印象派の二大巨頭という形で論じられる根拠というのが、このように日常の何げない自分の足元を描いているというところで、徹頭徹尾日常のものを描き続けるということを最初に実現し始めたということです。また、『ジュリー・マネの肖像』のような作品を見ると、やっぱり美しい絵を描くには、描きたくなるような美しい少女がそばにいることが、まず一番にあるんだろうなと思います。だから、ルノワールには風景画もありますが、それはやはりそこには描きたくなるような本当に美しい自然が広がっていたからです。

ゴッホと浮世絵

図8は、『梅の花』という、ゴッホ（Gogh）が浮世絵を模写したものです。これは、広重の絵を模写したものですが、こういう驚くべき大胆な構図で、非常に平和な、普通のものが描かれているということに、ゴッホはものすごく感動したわけです。それで、一生懸命、何だか分からないけれども描いた。可愛いじゃないですか（笑）。両側に書かれた字は全然読めませんが、読めなくていいんですよね。ここにゴッホの素晴らしさがあると思うのです。ゴッホの心みたいなものが感じられて、私はとても好きな作品です。

そして、ここがゴッホらしいところなのですが、浮世絵を見ると、影がないんですよね。だからゴッホは、日本という国は、太陽が真上にある国、つ

図8

まり赤道直下に違いないと信じ込んだのです。こう思ったゴッホは、フランスで一番赤道に近い場所であるアルルに出かけていきました。そして、光に対して非常に強い思い入れがあったということもあるのだと思いますが、そういうアルルの太陽のほうを向くひまわりを描き始めたわけです。

　ゴッホはこのようにものすごく思い込みが激しい人で、例えば、モネ、ゴーギャン（Gauguin）、ピサロ（Pissarro）と、要するに、当時の有名画家たちに片っ端から手紙を書いた。「君たちも浮世絵が好きで、印象派みたいなことをやっているのならば、ぜひ僕のところに来い。このアルルという場所こそ、フランスの日本だ。僕たちが共同生活をして絵を描くべき楽園のような場所なんだ」と。そして手紙を書いた人たちがアルルに来てくれると信じ込んでいたわけです。こういう人は、多分とても危ないんですよね。思い込んで、まだかな、まだかな、まだ来ないなと言いながら待ち続けているところに、「仕方がないな」とゴーギャンが一人で行った。しかし、そのゴーギャンとゴッホの生活も、あっと言う間に破綻してしまい、怒り狂ったゴーギャンは、そのままパリに帰り、そして地球儀を見て、フランスの一番裏のタヒチに行ったわけです。こういうゴッホのような人ほど、臨床心理の先生方の治療が必要かもしれないと思いますが、ゴッホには絵があって良かったな、ゴッホに絵がなったらどうなっていただろうな、と思います。

『フォリー・ベルジェール劇場のバー』

図9

　エドゥアール・マネ（Édouard Manet）に『フォリー・ベルジェール劇場のバー』という作品（図9）がありますが、この「フォリー・ベルジェール」というのは、私は行ったことはないんで

すけれども、今もパリにある、要するにパリの一般市民の人たちの日常の娯楽と歓楽の場所です。そこにはバレエもあるし寸劇もあって、そういういろいろな催し物が開かれている。しかも、それだけではなくて、蛇使いから、果てはカンガルーのボクシングなんかもやっている。そういうパリの清濁あわせ飲む一番の娯楽の場所だったとされています。常にタバコの煙がもうもうとしていて、非常に煙い場所だった、と先ほどのルノワールの肖像画のモデルとなったジュリー・マネが文章に書いています。そういうところにいる人を描いた絵です。これは1882年に描かれた作品ですが、マネは、これを描いた翌年に、壊死してしまった自分の左足を切断して、その年の4月に死んでしまいますから、これはマネのほぼ最晩年の傑作です。

　これは、いったい何を描いたのかということでよく言われるのは、ここに描かれているビールやシャンペンや果物は商品である、したがってこの女の人も商品である、と。つまり、当時のパリには、そういう娼婦たちの世界というのがあって、こういうところに並んでいるということは、自分も売り物であるというのが、当時、一般的に意味するところだった、と。図像的に考えるとそういうことになる、ということです。でも、実は私はその考え方をまったく信じていません。

　最初、マネは、このフォリー・ベルジェールに行って、スケッチをして、その場に絵を運び込んで描いていました。しかし、途中から自分の死期を覚悟せざるを得ないようないろいろな状況が出てくるわけです。これを描き終わって、たぶん1、2か月で壊死した足を切り取ってしまうわけですから、とんでもない状況だったと思います。そういう最期を意識しているときに、果たして娼婦を描くでしょうか。私は描かないと思います。結局、彼は必死にこの作品を仕上げるわけですが、では彼が描こうとしていたものはいったい何だったのかということになります。

マネが絵で描き出したもの

　ヨーロッパ絵画には「ヴァニタス」という静物画を描く一つの流れがあります。それによりますと、モチーフすべてに意味がある。例えば、骸骨

だったら「死」、白いユリだったら「純粋な存在」の象徴です。
　このマネという人は、伝統的なヨーロッパ絵画をものすごく尊敬していたし、自分をそういう存在として位置づけていたという作家ですから、当然「ヴァニタス」とは何かを十分に熟知した上で、この最後の大作に挑んだのだと思います。そのヴァニタス的に解釈をすれば、瓶に生けられた花は「はかない命」の象徴です。ビールとシャンペンもありますが、これもヴァニタス的に解釈をすれば、「泡」というのは「はかない命」という意味です。そして果物は、「移ろいゆく若さ」と言われています。つまり、全部引っくるめて「死」というものを暗示しているわけです。おまけに、非常に重要なポイントは、この女の人は、向き合っているはずのマネにコップを出しているわけでもなく、栓を抜いているわけでもない。何も勧めていない。ただそこにいるのです。ではこの絵は何か。私は、この構図は、中世のヨーロッパの宗教画の構図だと気づいたのです。
　つまり、これはマリアかもしれないし、天からの使いかもしれないし、ビーナスかもしれない。この三角形の安定構図というのは、宗教画の約束事です。つまり娼婦を描いたのでなく、そういった聖なる存在を、パリで最も清濁あわせ飲む場所である「日常」に出現させたということです。ここに、印象派とのつながりというものが、ものすごく大きな結晶として成立してくるわけです。
　ただ日常を描くだけではなくて、日常の中に顕現した聖なるものを描いた絵であると。つまり、私はこの絵は宗教画だと思っています。しかも、単なる宗教画ではなくて、印象派をよく知っていて、そして浮世絵を見た後の画家が捉えた宗教画だったのだと思っています。
　また、この女の人の後ろ姿が鏡に映っているのだと言われていますが、そうであれば真後ろに映っていて、見えないはずですよね。ではなぜここに描かれているのでしょうか。つまり、これは、この人の後ろ姿ではないということです。では何か。それは、かつてマネが元気だった頃に、この人と会話を交わした思い出が描かれているのです。つまり、写真的なリアリティから一歩完全に抜け出すことによって、絵画独自の空間性というものが現れている。その意味で、現代美術はこの絵から始まったという言い

方があるわけです。鏡のような形を借りながら、まさに映像的な自分の意識を描き出したものであると。ある時間概念、空間概念というものを、完全に自立させたというか、それも、一見鏡に映っているような形で描くことによって、ある融合をさせていこうとしている。そういう意味で、この作品は、写真術が生まれた後の絵画の自立する方向を示した第一歩だと言われていますが、あまりにも偉大な作品だと思います。

黒田清輝と印象派

　図10は、黒田清輝の『湖畔』という絵です。彼は、ここまでに挙げてきた多くの印象派の画家たちとちょうど同時代にパリで生活をしていました。そして、帰国後にこの絵を描きました。私は、これが日本の油絵の最も大切な作品だと思っています。というのは、油絵というのはパリの町並みを描くとか、いきおいそうなりがちではないですか。油絵という技法を学びにパリに留学し、モネとかマネとかセザンヌとかドガとか、そういう印象派の吹き荒れる中で学んだ黒田清輝は、自分の足元を描かなければいけないと思って、これを描いたわけです。つまり、油絵というのは文明の道具であり、これを私は使う。しかし、使うということと描くテーマとは別だ。私はこの油絵という道具によって、本当の日本とは何かということを考えてみよう、と描いた。つまり、誰よりも浮世絵の影響を受けたのは黒田だったということです。

　このように印象派から非常に強い影響を受けて帰国し、東京美術学校、現在の東京藝術大学の先生を勤め、直接習った生徒の一人が藤田嗣治です。

　しかし、黒田が日本に帰って印象派を広めていたとき、パリでは、すでにキュービズムやフォー

図10

ビズムなどの次の時代に行ってしまっていて、印象派は終わっていた。藤田は、ヨーロッパに行ってみて、「まず黒田清輝先生からいただいた絵の具箱を床に叩きつけてから、私の人生が始まった」ということを言っています。つまり藤田がパリに渡ったら、印象派なんてもう誰もやっていないということが分かった。そこから藤田が始まっていったわけです。しかし、当時は情報が伝わるのにやっぱり時差がありますから、黒田は、日本で徹底的にこの印象派的な世界観というものの素晴らしさを説き、それゆえ在学中からそれに従わない藤田嗣治に対しては非常に低い評価をしたのです。

　いずれにしても、この黒田清輝という人は大変なデッサン家で、本当に才能のある人です。パリにいるときには、さんざんこの印象派的な絵を描いていたわけだけれども、日本に帰ってきて一気にこれを描いて、これが日本の油絵であるということを打ち出し、これをもって国際展に出品する。ですから、私は、この黒田清輝という人をとても大切な画家であると考えているのです。

絵画の新しい流れを生み出すもの

　これまでずっと見ていただいたように、印象派というのは、普通の隣の女の子を描いたり、自分の家の庭を描いたり、バレエの練習風景を描いたり、そういう日常を描くということが、新しい捉え方でした。また、これこそが浮世絵の影響を大きく受けたところだと思います。

　また、当時のパリの画壇の中心にいたのはアングル（Ingres）のような画家たちですが、アングルも『泉』という作品に対しては、例えばドラクロア（Delacroix）などに、引っくり返した壺から永遠に水が流れ続けているなんて、いったいこれのどこにリアリティがあるんだ、と攻撃されていました。

　このリアリティということについて、印象派の画家たちは、女の子がピアノの練習をしている、そういう日常こそが本当のリアリティではないかと考えた。ですが、サロンという官展ではあいかわらず白い羽根のはえた天使が浮かんでいる絵とか、若い画家たちが「本当に見たのか」と言いたくなるようなリアリティのない絵を発表しているということで、やっぱり

どこかで引っかかってしまうことになる、ということですよね。そのときに、若い才能のある画家たちが、浮世絵というものを最大のヒントとして新しい流れをつくっていった。それが、印象派だったのです。

実はこうした革命的な新しい流れは1300年代にもありました。ジョット（Giotto）の『東方三博士の礼拝』という1305年頃に描かれた作品があります

図11

（図11）。そこには実はハレー彗星が描かれています。そもそもこのジョットというのは羊飼いの少年でした。絵を描くのがすごくうまくて、その才能を当時の大画家だったチマブーエという人に見いだされて、自分の弟子にならないかと言われて絵描きになった。だからこのジョットは動物を描くのがうまいのです。しかし、ここに描かれているラクダは、確かにラクダといえばラクダなのですが、ウマとかロバみたいな顔をしていて、本物のラクダとは違います。つまり、ジョットは本物のラクダを見たことがなかったのでしょうね。ここがジョットの可愛いところで、いろいろなことから想像して、こうに違いないと描いたわけです。そのような素朴な若い画家が、ある日ハレー彗星を見たときの驚きたるや、ものすごいものだったと思います。そのハレー彗星は、絵の中でも巨大な火の玉のように描かれているわけですけれども、1枚の絵の中で、そのハレー彗星の巨大さへの驚きと、イエス誕生の衝撃というものを重ねて、この偉大さというものを表そうとしたわけです。

中世絵画というのは、神を崇拝する喜びに満ちていますから、リアリティを追うとか、一人ひとりの登場人物を人間臭く描くということはあまりしませんでした。ところが、ジョットはこういうイエス誕生のような、本当に見たのかと言いたくなるような話の人間一人ひとりのリアリティを増していくことで、絵画の新しい可能性を引っ張り出したと言われています。

ルネッサンスの作品で描かれた人間性

　そして、その後のルネッサンスの作品では、中世絵画のような神を崇拝する喜びではなく、人間として生きる喜びを描くようになったと言われていますが、人間として生きる喜びとはどういうことか。喜怒哀楽というものが、世の中に出現するということです。中世絵画には嘆き悲しむ絵が多いのですが、喜怒哀楽を豊かに表現した絵は少なくとも私は見たことがありません。つまり、このような喜怒哀楽、人間性というものが、このルネッサンスになって初めて描かれるようになってきたわけです。

　ボッティチェリ（Botticelli）に『ビーナスの誕生』という有名な絵があります。ビーナスが帆立貝に乗って、海の向こうからどんぶらこっこっとやってくる、という絵ですね。ビーナスというのはギリシャの神の一人ですから、キリスト教社会において、異教の神々が描かれるということは、あってはならないことです。それなのにこの絵を描くことができた、発表することができたのは、メディチ家という大金持ちがこの絵を買い、守っていたからです。そうでなければ、異教の神々が出てきて、おまけに上から非常に快楽的な花が降っていて、口から何かを吹きかけていて、人間の裸を描くということは、中世の時代ではあり得ない話でした。中世のキリスト教社会では許されなかったのです。

　当時のキリスト教会の解釈では、裸というのは精神的な世界観から一番遠いところに存在するもので、誘惑のもとでした。だから、中世の絵画や彫刻では、まったく体のラインが見えないような三角形の服を着ていました。それが、ルネッサンスになると裸の女の人が描かれるようになった。ただ、いくらビーナスとはいっても、こうした絵を描くことは許されるはずがなく、結局ボッティチェリは途中で筆を折ることになります。しかし、そうは言っても、ここまで完成度の高い作品を描くということが、この時代においても可能だったのかという驚きを感じます。

　図12はレオナルド・ダ・ヴィンチ（Leonardo da Vinci）の『最後の晩餐』ですが、みんな絵の向こう側ばかりに座っていて、手前側には誰も座っていない。座り方がものすごくおかしいですよね。これは、舞台上でドラマをやっていることを表しているわけです。実際、この絵のキリストには頭

の輪がありません。レオナルド・ダ・ヴィンチは科学者でもありましたから、イエス・キリストは本当に復活したのか、本当に聖なるものなのか、実はただの人間じゃないのかと私たちに問いかけ

図12

てきている作品なんですよ。しかし、当時のキリスト教社会の中で、どうやってキリスト教会の検閲を逃れたのでしょうか。そこで、先ほどの座り方から、これは舞台上のドラマなんですよという言い訳ができるわけです。

　また、この作品は『最後の晩餐』と言われていますが、私は実はそれは違うと思っています。というのは、いろいろ調べてみますと、実際の最後の晩餐では、羊の肉や平べったいイースト菌が入っていないパンを食べていたようです。しかし、ここに描かれているのは、イースト菌の入っているパンで、しかも魚が並んでいる。だからこれは全然最後の晩餐ではありません。しかしこれが『最後の晩餐』と言われているのは、そのようなキリスト教会の世界の中だけにいると、どうしても集団でそう思い込むということがあるのではないかと思っています。

　レオナルドは1400年代からこれまで600年近くにわたって、巨匠中の巨匠と言われ続けてきた人ですが、この作品で、このように何百年も時を経て問いかけを投げかけてきているところにこの人のものすごさがあるのだと思います。

千住博が描いてきたもの

時を描く試み

　それでは残りの時間は、私がいったいどのような絵を描いているかということについてお話ししようと思います。

　図13は、私の学生時代、私が22〜23歳のときの作品です。私は岩絵の具というものに出会い、日本画家になりたいと考えて、岩絵の具の素晴らしさを何とかして伝えたい、そのためにも今まで誰も描いたことがないような絵を描いてみたいと思ってこの作品を描き始めました。

　この作品では時間の経過を描きたいと思っていたのですが、例えば、この絵では車や人が描かれていませんが、いないのではなくて、ものすごい高速で走っているのです。要するに、この場面を1分に1コマずつ撮影したとして、その1年間分ぐらいを一気に再生すると、動いているものは動き続けているので、何一つ見えません。でも止まっているものは逆にこのようにはっきりと見えてくる。このように、絵画というメディアで時間を表現することができれば、さぞかし新しいのではないかと考えました。それで、月のような永遠を象徴するものと、雲のような一瞬にして流れ去っていってしまうようなものを組み合わせることで、過ぎ去っていく時間の流れのようなものを、何とか表現して映像に残したいと思ったわけです。

図13

　その後も、そこからさらにそれを発展させて、丁寧に1枚ずつ葉っぱを描くという絵を描きました。一つひとつの葉っぱは瞬間のものだけれども、それをたくさん描くことで、永遠というものに対するアプローチになり、またそういうプロセスを表すことができるのではないか、短い時間を積み重ねることによって、ものすごく長い時の流

れというものを描けるのではないか、と考えたからでした。

また、図14は、ハワイのキラウェア火山の溶岩が流れ出たところですけれども、結局、46億年前の地球というのは、このような風景だったのだろうと思います。つまり、

図14

この絵は、46億年前の地球の姿であると同時に、今の現実のものでもあるわけです。ですから、時間を描きたいという意識を煮詰めていったときに、このハワイのキラウェア火山からまだ名前もついていないような川のようなものが、どろどろになって流れ出す、そのような場所を描くことによって、時間の流れというものを何とかして画面に盛り込んでみたいと思ったのです。

滝を描く

図15が滝の作品です。私はずーっと動き続けているということがとても重要なことだと思っていて、そのプロセスに非常に興味をもちました。しかし、後になってよく考えてみますと、地球には重力があって、適度な温度があって、水がある。これこそが地球ですよね。とすると、地球というものを滝が一番象徴的に表すことができるのではないかという意識が、私の根本にあったということになるのかもしれません。つまり、滝を描くことによって、この

図15

地球を描いているということになる、ひいては、この宇宙を何とかとらえる試みになるかもしれないというふうに思いました。

　私はこれまでにいろいろな滝を描いていますが、ザーッと流れるのもあれば、時間をかけてチョロチョロと流れてくるものもあります。その描き方として、本当に上から下に絵の具を流しているのです。つまり滝で滝を描いているということです。上から水を流したりしながら、落ちる絵の具は全部落として、しかし、そこにしぶとく残っている絵の具だけは尊重してそのままそこに残して、というプロセスで描き上げていきます。画板を立てると、どーんと一気に水が流れますし、斜めに傾けると緩やかに水が流れる。そんなふうにして、さまざまな表情の違いというものを出しているわけです。そうしてこすったり、引っ掻いたり、いろいろなことをして描いています。

　つまり、今までの絵画というのは、どちらかというと物を描写して、イリュージョンを描いているのですが、そうではなくて、このような方法で作品をつくり上げていくその行為、プロセス自体が作品そのものになるということです。だから、これはイリュージョンなどではなく、絵の具による滝そのものなのであるというのが、私自身のコンセプトです。滝を手で描いて描写してみてもつまらない。そうではなくて、実際に上から下に絵の具を流して、乾くとこうなったということです。それが面白い。

　他に氷河も描きましたが、氷河もやはり水が凍っているものです。ここでも「水」ということが自分の中で大きなテーマとしてあるわけです。ではなぜ水を描くのか。簡単に言うと、それはやはり、生命の象徴のようなものをそこに盛り込むことができるかもしれないといった、いろいろな思いがあるからでしょう。

生きているという感動に震える体験

　図16は、砂漠です。私が大徳寺聚光院から襖絵をご指名いただいたときに、そのお茶室の一つに砂漠を描こうと思いました。それでサハラ砂漠を訪ねていきました。そのときに、電送写真で送られてきた火星や木星の映像と一緒じゃないか、と思った。それを感じたときに、ここは宇宙ではな

いか、と生きているという感動に打ちのめされる、そのような体験があったわけです。砂漠といえば、死のイメージのように思われますが、そうではありません。私にとっては、砂漠は生きているということを自覚する場所でした。それと同時に、生きて日本に帰ってこの絵を発表したいという気持ちで、私は心が打ち震えました。「生きて帰りたい」などと具体的に思ったのは、生まれて初めてのことでした。何としても、これを見た以上、これを描きたいと、私は非常に強く感じたのです。

図16

　砂漠というのは、私が生きるという意識を、非常に刺激する風景でした。何とかして、この火星や木星のようなすごい砂漠の風景を示したかった。皆さんと共有したかった。つまり、芸術とは何かといったら、自分が見て、驚いたり感動したことを分かち合いたいということなんだなと気がついたのです。

傷を直視する

　また、図17は、鴨長明の『無名抄』にインスパイアされて「無名抄」という題名をつけたシリーズの一つです。紙の染みとか汚れに見えるかもしれませんが、そこを凝視することによって風景、雲のように見えてくる。絵の具を撒き散らしたような形をしていますが、実際、月でも描かなければ、雲に見えないということです。でも、ここに一つ月を描くことで完成させていま

図17

図18

す。つまり、自然の側に身を置き、自然がつくった形そのものを最大限に受け入れながら作品を制作していくということです。普通であれば汚れのように思われてしまうものであっても、凝視するとそこに風景が広がっている。これは後々、私の崖の作品にも直接響いていきました。

図18が、その崖の絵です。これは、本来ならば、アトリエの片隅に置き去りにされて、捨てられてしまう傷ついた紙でした。私がある日、自分が傷つけてしまったものかな、と思いながらその紙を見たときに、紙をぐちゃぐちゃに揉んでできたシワに崖、つまり風景を発見したのです。

ちょうど東日本大震災の後でした。そこで、自らがつけてしまったこの傷を凝視することによって、その中に美を見いだした。その「美」というのは「生きる力」であると考えたわけです。つまり、自分がつけてしまった傷の中に主体的に入り込んでいくことによって、初めて次の一歩に進むことができるという、一人の芸術家からのポスト3.11のメッセージであるというふうに考えて欲しいのです。傷を直視する。そうすることで未来が開けてくる。私は、そこに今の時代にとってとても大きな意味があると思っています。

現代作家に求められるもの

もちろん、芸術はその時代だけで評価されるわけではありません。私が死んだ後も作品は残りますが、私が幽霊となって現れて「これはこうでこうなっています」などと言えるわけではありませんから（笑）、最終的には、そのような意味性は全部取り払われて、作品が自らの力で、自立をしていかなければいけないわけです。傷を直視してどうのとか、ポスト3.11がどうのといった話は、100年もすれば言いたくても言うチャンスはありま

せん。

　このように最終的には、芸術というのは、その作品だけで自立をしていくことになります。ただ、それに加えて、私はなぜ今これを描かなければいけないかということがそこに盛り込まれていなければ、その芸術作品は、同時代を生きる人々から必要とされていないということになってしまいます。ちょっと回りくどい言い方かもしれませんけれども、人々から必要とされる芸術作品というのは、その中に人々から必要とされるメッセージが含まれているから必要とされるのです。そして、この時代の人々だけではなく、100年後も200年後も、まったく違う時代も、まったく違う思想の人たちに対しても必要とされるということが理想です。つまり、どういうことかというと、共通項としての人間として語るということです。共通項としての人間として語っているからこそ、例えば、先ほどご紹介したジョットの『東方三博士の礼拝』の絵も、今21世紀の私たちが見ても、その意味するところが正確に伝わりますよね。つまり、ジョット、ボッティチェリ、レオナルドなどの人たちは、宗教的なテーマを借りながら、結局は人間として発信していたということになるわけです。

　私も、今のこの時代を生きる現代人として新しい思想を発信すると同時に、どの時代においても変わらない普遍的な人間としても発信していく。この二つの面をいかに自分の中で調和させていくかということが、どの時代であっても、常に現代作家に求められていると思います。

作品に対するさまざまな試み

　私の場合、偶然のつくり出した形を参考にすることがあって、石を拾ってきて、アトリエの床に撒き散らし、その上に紙をぐちゃぐちゃと押しつけてみて、そこに形を見いだしていくということをしています。自分で揉んでみると、揉み方の癖などで、結局、形が結構単調なことになるのですが、そうではなくて、そんな風にしたときにつくられるシワの形というのは、ものすごく自然なんです。それはそうですよね。自然がつくっているシワですから。だから、可能な限り自然現象を作品の中に取り入れるということをしています。

ただ、自然現象というのは、そのまま置いておいても絵になるものではありません。要するに大切なのは、無作為に見える作為であるということです。自然に見える人工、というところに一番重要なことがあって、そこに工夫というか絵心というか、そういったテクニックのようなものが当然必要になってきます。

　また、ベネッセアートサイト直島にある『断崖図』という作品では、実は崖が描いた当時から変色してきています。これは銀を使ったからです。絵というのは、少なくとも絵の具に関しては普遍的に変わらないものだというのが、西洋的なあり方です。しかし、私のこの作品はそうではなくて、今日見るこの絵と、明日見る絵と、来年見る絵は、銀は変色していきますので実は違う絵になっている。一方で私たちも変わる。つまり変数が二つある方程式みたいなもので、毎回違って見えるということの意味を考えて、あえて数年で黒くなってしまう銀を使ったのです。完成したときは、本当にきれいな白い色をしていたのですが、今は結構茶色になっています。

　実は、私自身は、この絵を制作したことをとても後悔していて、こういうことをやらなければ良かったと思っています。というのは、自分の絵が変わっていってしまっていくその姿を見るというのは、画家としてとても辛いものだったからです。

　また、軽井沢千住博美術館には『フォーリングカラー』というさまざまな滝の色を無作為に並べた作品があります。この作品で私がテーマとしたのは、どんな色も必ず調和をするという、ピースメイキング・プロセスとしての芸術の実験といいますか。毎回無作為に並べるのですが、どんなに無作為に並べても、絶対に調和をしない色の組み合わせというのはない、というのが私の考え方としてあり、それを絵にしてみたいと思いました。だから、この色の組み合わせはどうかというレベルの問題ではなくて、どんな色でも必ず調和をすると信じるところからこの作品の制作は始まったと言えるのかもしれませんね。

　また、香港の個展のときに発表した滝の絵があるのですが、それは実は蛍光塗料で描いたものです。蛍光塗料というのは、本当に美しい鮮やかな白い色をしていますので、昼間は真っ白な滝に見えます。しかし、夜にな

ると、上にブラック・ライトがついて、この光のせいで絵が激変します。昼間は真っ白な、実に礼儀正しい、穏やかな、ちゃんとした滝なんですけれども、夜になると、何かデモーニッシュな感じの姿を見せる。まるで人間のようなところがあるというか、そういうものを描きたかったというのもあります。また、それまでは、すべて岩絵の具を使って描いていましたが、蛍光塗料を見たときに、蛍光塗料というのは人工的なものだけれども、普段、天然の絵の具に囲まれている私にとっては、非常に美しく、また新鮮でした。夜、蛍光の照明の中で多くのドラマが生まれたり、喜怒哀楽を語り合ったりする。それが現代人だとすれば、夜の人工光線の下の人間の心の機微というか動きのようなものに現代絵画は立ち入れないのだろうか、という素朴な疑問からこの絵が生まれました。

　以上が私の絵のご紹介です。このような席でいろいろなお話をすることができ、大変光栄に思いましたのと同時に、さまざまな芸術作品を振り返って、そして自分の作品をこうやって改めて見ることによって、改めて私はどこから来たのか、私は何者か、私はどこへ向かっているのか、ということをおぼろげながら一番勉強させていただいたように思います。今日は、どうもありがとうございました。

千住　博（せんじゅ・ひろし）
1958年生まれ。日本画家。東京藝術大学美術学部絵画科日本画専攻卒業。同大学院修了。2006年から2013年に京都造形芸術大学学長を勤め、現在、同大学芸術学部教授。1995年、現代アートのオリンピックといわれるヴェネツィア・ビエンナーレで東洋人として初めて名誉賞を受賞。APEC 2010の絵画による会場構成、大徳寺聚光院の襖絵制作、オペラや日本舞踊の舞台美術などを手懸ける。2014年3月、FENDIより千住博デザインのバッグが発表されるなど、様々な分野で国際的に活動を続けている。

討論──基調講演を受けて

指定討論者　川戸　　圓
　　　　　　角野善宏

ユング心理学の視点から

時間と偶然の意味

　川戸　お話に圧倒されて、まだあまりうまく言葉にはならないんですけれども、千住先生にお聞きしたいことがまだまだありますので、まずは今の先生のお話をどう聞いたのかということをお伝えしながら、ご質問をしていきたいと思っております。
　千住先生が、137億年前の宇宙が誕生したところから話を起こされたということは、すごいことだと思いました。最後のほうでも「私とはいったい誰なのか、どこから来たのか、そしていったいどこへ行くのか」とおっしゃいましたが、絵を描かれる中で、常にその問いがあるんだろうなと思ってお聞きしていました。だからこそ、そこからお話が始まらないと、「今ここ」の存在である千住先生の存在の意味が曖昧になるのではないかと思うのです。
　この学会はユング派の集まりですけれども、C・G・ユングという人も同じことを考えていたと思うのです。私自身も、137億年前に宇宙が始まって、地球ができて、この地球にどうして人間が生まれてきたのか、という壮大さに思いを馳せながら、そのような思いの中で、私が「今ここ」にいて、そしてどうなるのかということを常に考えながら、心理臨床をしてい

ます。私個人では空間的にも限られているように思いますが、一応ここに一つの存在として存在していて、また、無意識の世界では137億年前という時とつながっているのです。これがユングの無意識についての考えであり、この考えを抜きにしてユング心理学は成り立たないと思っております。ですので、今日千住先生が、そこから話を起こされたというだけで、もう大感激をしております。

　言いたいことはいっぱいあるのですが、そうした大きなスパンを考えつつ、私からは心理学の立場から、2点お話ししたいと思います。

　まず1点目が、千住先生がはじめにご紹介された絵で「時を描きたかった」とおっしゃったのが、私には強く印象に残っています。たとえば『鳥獣戯画』がそうですが、お相撲をとって、転んで、こっちに（左に）行ってと、絵巻物を進めて描いていけば、時間の流れというものを表せるし、そういう表し方を昔の日本人はしていたわけです。ですから、いくら画面が大きいとはいえ、1枚で一つの空間を区切って時間を表すというのはどういうことなのかと、とても面白く思いました。

　私たち心理臨床の世界から見ると、流れる時間をつないでまとめ上げるということは、主体的な私を立ち上げるということになります。ですので、心を病んでいる人たちには、時間をつなげられないという方がかなり多いのです。「今ここ」と千住先生も何回もおっしゃいましたけれども、「今ここ」があるのは、過去の時間があり、未来の時間の予感があるからです。それらがあるから、「今ここ」の行動が決まってくると言えます。それができなくて時間が寸断されると、あらゆる行動に統制がとれなくなって、心理的な病となる可能性が出てくるのです。時間をつなぐということは、とても大事なことで、それを絵画で表現しようとすることは、絵画を描く人が主体的に何を伝え、何を表現したいのかということと、ものすごく深く関わっているのではないかと思いました。

　それから2点目が、千住先生の滝の絵の描き方です。私は、以前テレビ番組でも拝見したことがありましたが、あっと驚きまして、「そうか、こんなふうにして描いていらっしゃったのか」と思いました。あの滝の流れは偶然ですよね。偶然の中の必然でもあるんですけれども、偶然の中に何

を見ていくのかというのは、とても大きなことです。「無名抄」の絵でも、最初に雲を見てとって、それから月を描かれましたが、先生はその偶然の中に何を見るのか。この「何」をシンボリックに考えると、だいぶ千住先生が分かってきたような気になって、私自身はとても喜んでおります。

　心理学にはロールシャッハ・テストというものがあります。これは、インクを紙の上にポトッと垂らして半分に折り、偶然できた対称的な模様からなる10枚の図版を患者さんに見せて、それが何に見えるかということを言ってもらうことで、その方の心的構造を明確にしていくという世界中で使われている心理テストです。皆さん、よくご存じだと思いますが、あれは確かに偶然できた模様ですが、あの10枚がただ偶然できたわけではなくて、H・ロールシャッハという人が何百枚もつくって、その中から作為的にあの10枚に定め、創り出したものです。ですから、この偶然性を重んじるというのは、ユング心理学的に見ても、とても面白い絵の描き方だなと思いました。まず、この時間の意味と、それから偶然の意味が示されたということで私は大いに感動いたしました。角野先生はいかがでしょうか。

絵の秘める可能性

　角野　僕はシンポジストの1人なんですが、申し訳ないくらい個人的に大満足してしまいました。先ほどレオナルド・ダ・ヴィンチの『最後の晩餐』の話が出ましたが、こういう絵を描けるレオナルド・ダ・ヴィンチのすごさというか、用意周到に準備された関わりというか、それ一つとっても素晴らしい内容で、ものすごく興味深かったです。

　千住先生は、自分が死んでも結局作品は残ると言いましたが、僕は、「千住博」が残ると思いました。なぜかというと、例えば、サハラ砂漠に行って、その砂漠を見たときに、ああ、ここに宇宙がある。それで、生きて帰りたいと感じた。それは、僕の感じでは、人間が生命力を最も強く感じる瞬間だったと思うのです。それを持って帰って作品に残すということは、必ずその作品に千住先生のその思いというか、「千住博」というものがその絵に入っていると思います。それは、作品が物理的に残るというだけではなくて、そこにもう「千住博」が残っているというか、十分に表現

されている。100年、200年経っても、そこに「千住博」がいると僕は思うのです。千住先生の絵を見たときに、万人が普遍的にやはり千住博という人間を通して描かれた生命力というか、それに触れるからこそ、絵も残っていくわけですし、芸術としての意味があるんだなということを感じました。千住先生のそうした作品、また、裏の場面ですけれども、それらを苦労しながら

描かれていくそのプロセスを見られたということは、あまり気の利いたことを言えなくて申し訳ないのですが、やっぱりすごいなという一言です。

　また、僕はクリニックに勤めているのですが、多重人格（解離性同一性障害）の人で、絵の中でいろいろな色を使って自分のいろいろな人格を表現する人が何人かいます。先ほどどんな色も調和するという話をされていましたが、それを聞いて、僕は、色を使うというのは、「ああ、そうか、どんな色も調和するから、彼／彼女らは、自己治癒的にそれらを使おうとするんだな」と思い、臨床的にもちょっと思うところがありました。色を使うというのは、本当に治療的だなというふうに感じました。

　ですから、医療とか心理臨床という狭い場だけではなくて、それこそ、滝であれば、水、重力、温度と先生はおっしゃっていましたけれども、そういうものを通して訴えてくるものというのは、確かに人間に普遍的なもので、魂が通じるなと。音楽でもそうですが、絵というのは、本当にいろいろな可能性を秘めているなというふうに思いました。

日本文化が表現してきたもの

宇宙的なイメージをもつ日本画

　ちょっと質問を続けていいですか。今回のご講演のタイトルは「日本文化におけるイメージの力」となっていますが、この日本文化ということで、先ほどもいろいろと出てきていた日本画について、もう少し先生からお話を伺いたいのですが。

　千住　そのお話をするにあたり、まず岩絵の具の魅力ということについてもう少しお話ししたいと思います。例えば、足元に小石があるとします。それを見て「なんだ、こんな小石」と思うけれども、これはそもそも大宇宙をさまよって46億年前に地球となった物です。岩絵の具ではそれを画面に塗っているわけですから、つまり、この小石というものは大変な宝物になるわけです。ここに日本画がもっている世界観の広さがあると思います。だから、私は日本画ではなく、「宇宙画」と言うべきだろうなという意識をもっています。日本画というのは結局すごくアニミズム的でもあるんですよね。

　また、先ほどもお話ししましたが、今から19万5000年前に、クロマニヨン人たちがそこら辺にあるものを塗って身体装飾を始め、初めて化粧品というものがつくられました。化粧品は英語でcosmeticsと言いますが、この語源は「宇宙（cosmo）」です。つまり、「宇宙」を具体化するということが、化粧の本来の意味でした。頼りない自分の姿を、何とかしてカモフラージュすることによって、何か大いなる力に守られる。というか、宇宙と一体化する。この辺りが絵画の基本ルーツだと思います。それを今日に残る形で表し続けているのが、この日本画というメディアなのです。そこに、この日本画のアニミズム的な特徴というものがあらわれているととても感じます。

　このように日本画では、天然の絵の具を使っている。でもそれは、例えばルネッサンス前後の人たちもみんなそうだったわけです。ただ、チュー

ブ入りの絵の具というのが発明されたことによって、画家たちは、それを持って外に出るようになりました。そこからが、先ほどお話ししたモネたちの話になります。

　これによって、絵の具というのはどんどん人工的な側のものになっていきました。宇宙との対話よりもむしろ、より科学的なものの領域に入り込むようになっていったところがあります。だから、チューブ絵の具が発明された段階から絵画というのは大きく変質しました。その変質する前は、例えば、フェルメール（Vermeer）が、天然のラピスラズリを使って素晴らしい青い色を出したり、レオナルド・ダ・ヴィンチも、群青色に天然のアズーリ石を用いています。そういう天然のものを使うことによって、絵が宇宙的なイメージというのをもつようになるんです。日本画というのは、本来はそこに最大の魅力があるのではないかと思います。

　川戸　まさに、何億年前かも分からない、岩や石の粉を自分に塗るというのがお化粧ですね。だからお化粧も、自然との一体化ということもあって、いろんな意味で守りになっていたのでしょうね。

　千住　化粧品を身につけることによって、すごく自分に安心感がもてるのでしょうね。私自身はピアスであろうが、ネックレスであろうが、身体装飾をしたことはないんですが、唯一の例外はアマゾンで1か月暮らしたときのことです。私はその時も、もちろん身体装飾をする気はまったくありませんでした。ただ、アマゾンの中で暮らしていると、どうしてもそこにある木の実とか、何かを身につけたくなるんです。身につけることによって、この森と一体化できるという安心感がある。また、そうすることによって、何か自分の中にある違和感を自分なりに解決することができるという体験をしました。ただそれは、アマゾンという、一面緑の、私にとってみたら、かなり変わった環境だったからで、日本に帰ってきて、そのときお土産に買ってきたネックレスを身につけるかといったら、それはしませんけれども（笑）。身体装飾のもつ意味というのを、自分の経験として感じ、面白い経験をしました。

河合隼雄と『源氏物語』

川戸　お話がころころ変わって申し訳ないのですが、千住先生は『源氏物語』についていろいろとお描きになっていらっしゃいますが、見せてくださった作品の中には『源氏物語』についての絵がありませんでした。ですので、『源氏物語』の絵巻物についてお伺いしたいです。それから、河合隼雄先生も『源氏物語』について本を書いておられますが、河合先生の生前に、千住先生といくらかの交流があったと伺っております。ですので、ちょっと話題が飛んでしまうのですが、河合先生のことについてもお話しいただきたいと思います。

千住　やはり、まず河合先生のお話からしたいと思います。私にとって、河合先生の一番印象的な言葉は宗教についてのものでした。「キリスト教にしても、仏教にしても、それが生まれてから2000年以上経っている。もう賞味期限が切れている。だから、これからの時代、その宗教的な役割をするのが芸術の仕事だ」というふうに先生はおっしゃったんです。私はそれを聞いて、ものすごく納得いたしました。というのは、芸術のもっている、例えばコミュニケーションの問題であるとか、さまざまな崇高なものに対する意識とか、そういうことは、確かに今芸術をやらなければ、そういうものが抜け落ちては、人間というのはやっぱり生きていけないのではないかと思ったからです。ちょうど河合先生が文化庁長官をされているときで、私が京都造形芸術大学の学長をしていたということもありまして、そういうお付き合いの中で、そういうお話をしてくださったことが、とても印象的でした。

河合先生も、やはり『源氏物語』については大変詳しく、またすぐれた著述をされていて、いくつもの新鮮な驚きをもって先生の「源氏論」を拝見したことは、本当に昨日のことのように思い出します。

河合先生は、要するに、光源氏というのはとんでもないやつで、これは一人の人間じゃない、とんでもない多重人格だということをお話しになっていました。そのときに私は、なるほど、光源氏というのは主役じゃないんだ、主役は多様性をもって生きる女たちなんだと思いました。さまざまな可能性をもって生きる、これこそが『源氏物語』なんだということを感

じまして、それは私の源氏観を大層大きく揺り動かしました。

『源氏物語』の女性たち

　『源氏物語』って、読むとまったくロマンチックな話じゃないですからね。そうではなくて、光源氏という一つの接着剤を通して、あの時代に、女の人が強く生きていくということの可能性を世に問うたものだった。ですから『源氏物語』を読んでしまうと、他のどの小説を見ても、光源氏の中に出てきた登場人物に見えてしまう。そういう意味で、『源氏物語』というのはものすごくいい話だと、私は今でも思っています。しかし、あまりにも長い。おまけに、古文で書かれている。私は教養がないから古文では読めません。現代語訳で、谷崎潤一郎とか、瀬戸内寂聴さんの訳を読みますけれども、最近では、林望さんという方が現代語訳をされまして、これが大変素晴らしいと私は思います。和歌のもっている意味を、うまくそこに散りばめながら現代語訳をされています。もし『源氏物語』を読んでみようという方がいらっしゃるのであれば、林さんの現代語版をお薦めいたします。ただ、この話は長いですよ。

　林望さんもおっしゃっていますが、後半の「宇治十帖」は、紫式部が書いたものではないかもしれません。ただ、この「宇治十帖」に浮舟という主人公が出てきて初めて『源氏物語』というのは完結すると思うんです。

　よく「『源氏物語』でどの女の人が好き？」と尋ねられるんですが、私は「全員嫌だ」とお答えしています。だって勝手に死ぬし、化けて出るし、恨むし、ずーっと待っているし、男にとってみればろくなものじゃないですね（笑）。しかし、浮舟だけは違う。この人は、現代の女性なんです。薫とか匂宮からいろいろ誘われても、最終的には全部突っぱねて、私は一

人で生きていく、と男たちをそこに置き去りにして話が唐突に終わります。つまり、男たちは、そこに完全に置き去りになっています。11世紀というあの時代に、女の人が颯爽と近代化していくんですよね。だから、私は浮舟だったら友達になりたいなと思います。ただ、それを本当に紫式部が書いたかどうかというのは、やっぱり意見が分かれるところです。

川戸　先生の今のお話とすごく一致してしまったのですが、私がユング研究所に出した資格取得論文は「浮舟（Floating boat）」に焦点をあてたものでした。私が、『源氏物語』の中で一番好きな女性も浮舟です。ちょっとお話ししておきますと、河合先生も『源氏物語』が大嫌いで、「あんなもの、読まれへんわなあ。変な話ばっかりで」と言っておられました。英訳には、サイデンステッカー（Seidensticker）とアーサー・ウェイリー（Arthur Waley）によるすごくいい訳があり、河合先生はまず、サイデンステッカーの訳でお読みになって、「主語・動詞もきちんと書かれていて、それで読み通したら、やはりこれはすごい物語だ」と、おっしゃってました。また、「女性のクライエントさんが抱えている女性の苦しみのすべてを書いてくれている」ともおっしゃってました。ですから、この光源氏というのは、千住先生が今おっしゃったように、どうでもいいんですよ。接着剤としていなきゃならないんですけどね（笑）。

　ただ、浮舟は大好きですが、あの時代に、あそこまで近代小説風にしようとしたときに、やはり出家するということにしないと、薫も嫌、匂宮も嫌、私は一人で生きていきますよということが言えなかったのですね。この一抹の寂しさは、現代人の女性としては感じておりました。そこで、浮舟が求めたかったのは、単に既存の、例えば比叡山の宗教ということではなくて、もう少し広く解釈して、もっと奥にある宗教性というところにようやくたどり着いて、浮舟の近代的女性イメージが確立したのではないかと、読み替えて読んでいました。

千住　あの時代は、女の人は成仏できないと言われていた時代ですよね。その後、天台宗などで、女の人でも成仏できるという思想が発展しましたが、その反映でもありますよね。だから、いろいろな意味で、非常に新しいと思っています。

『源氏物語』のもつ新しさ、普遍性

　もう一つ、私はやはり画家ですから、先ほどの角野先生のお話にもありましたが、『源氏物語』を色彩という点で考えると、「光」源氏の「光」というのは、プリズムがあって、赤とか、青とか、橙色とか、いろいろな色を全部引っくるめて、最終的には無色透明になっていくものです。この光源氏は、最初はものすごい存在感で登場してきますが、女の人が現れれば現れるほど、どんどんその存在感が消えていきますよね。つまり、女の人といういろいろな「光」が重なっていくと、最終的には無色透明になって、光源氏は、結局死の場面も語られないで終わっていってしまいます。

　しかし、色彩的に考えると、全部の色を足していくと、グレーになるんですよ。グレーというのは、滅する色、つまり死の色です。だから、結局、光源氏というのは、色彩的には、女の人といういろいろな色がどんどん加わって、最終的にグレーという滅する色に近づいていく。死に向かってずーっと進行していく。つまり「メメント・モリ」なんです。この光源氏もそうなんですけれども、『源氏物語』自体が、途中からものすごく暗い話になっていきます。ですから、紫式部はそういう方向性というものを、かなり意図的に書いていたのではないかなと思います。

　川戸　出だしの「桐壺」とか、やっぱり読者の心をつかむじゃないですか。つかんだ後は、もう自分の書きたいことを書いていくという紫式部の手法は、見事にあるような気がしますね。

　千住　そうですね。それまで物語といえば、神話だったり歴史だったりで、女の人の話は書かなかったんですよね。でも『源氏物語』という作品は、要するに普通の人の話を世界で初めて書いたわけです。書かれたのは11世紀頃ですから、その新しさにやっぱり魅力を感じるわけです。

　新しいと同時に、不易流行というか、今日まで普遍性があって、どんな作品もこれを超えられないと言われているのは、どんなプロットにしても、結局、紫式部が言い尽くしたからだと言われています。要するに、『源氏物語』で、物語文学というのは、ある到達点に達しちゃったんですよね。でも、それはよく言われる話で、例えば、戯曲はシェークスピアで完成してしまったと言いますし、音楽はバッハですでに完成したという言い方も

あります。では絵画はどうかというと、まだ完成していないと思うんです。ここが、私自身も面白さを感じているところです。絵画には、まだ可能性がある。

例えば、紙を揉んで、それを崖に見立てましたとか、上から絵の具を流しましたとか、そういうことを今まで誰もやっていません。ということは、1995年に僕は『滝』を発表していますから、少なくともあの瞬間において、絵画の可能性というのはまだあったということです。

だから、崖に関しても、いわゆる揉み紙というのは、工芸の一技法ではあるけれども、いい加減に揉んで、これは崖だと言って、それを見立てるということは、それまでの絵画芸術にはなかったことです。だから、やっぱりまだいろいろな可能性があるというのは、現場にいてすごく感じることです。

芸術家としての意識

「美」とは生きる喜び

川戸　もう一つ、先生に質問ですが、先生が描かれるのはなぜ滝なのですか。また、なぜ崖なのですか。

千住　結局、それはやっぱり美しいと思うからでしょう。それに尽きます。他の理由はもう何もないですよ。例えば、欧米の巨匠で、クリスト・アンド・ジャンヌ＝クロード（Christo and Jeanne-Claude）という、物を梱包する現代アートの作家がいます。私がそのクリストに、「なんで物をラッピングするんだ」と聞いたら、ただ一言、「美しいからだ」とおっしゃった。

現代の最先端であろうが、ルネッサンスであろうが、中世であろうが、画家たちを揺り動かす心境は、ただ一つ。美しいからなんですよね。それでは「美」とは何かという話になります。私は「美」というのは、生きる

喜びなんだと思うんです。生きている喜び、生き続けたいと思う喜び、生まれてきた喜び、そういうことを全部ひっくるめて、美的体験なのだと思います。

　だから、何か物を食べて、うまいというのは、「美」しい「味」と書いて「美味い」ですよね。食べ物を食べておいしい、うまいってどういうときかというと、例えば、ビールを１杯飲んだときのことを考えてください。「ああ、うまい。疲れたけれども、これで元気が出た、パワーが出た」と思いますよね。このような、生きていくことに対する、主体的な、前向きな意識、これを「美」という言葉で表現するのです。そういう「美」を感じて、生きていくためにどうしてもこれを描きたい、と揺り動かされている。これが本当の「美」だと思います。

相反するものを調和させる

　川戸　「滝」「崖」というものが、深層心理学的に何なのか、何を表すのか、ということを私はとても知りたいのですね。でも、芸術家の先生方には、「美」で完結しておいてほしいので、先生、ここから先はちょっと耳を塞いで聞かないでください（笑）。

　千住　それは聞きたいですね（笑）。

　川戸　浮世絵では自分の足元のことを描く。それから、それに影響を受けた西洋の人たちが自分の足元のことを描く。この現実というものを描ききっていくと、その現実の向こうにあるものが見えてくると思うのです。現実は現実で、よく見ると現実だけで収まらなくて、そこにすべてがある。もちろん現実だからそこには生があるんだけれども、死もある。そして、ここからは仮説の仮説ですが、私は、「美」というものを本当に感じるときには、生の躍動感と同時に、その背後に必ず死があるんじゃないかと思っています。「滝」というのは、一種の境界のような感じで、滝の向こうの世界とこっちの世界を遮断している、それでいて二つのものをつなぐ境目である、というふうに。

　それから、「崖」というのも、向こうの世界とこっちの世界との遮断で、「あの世」とまでは名づけなくてもいいのですが、向こうの世界とこちら

の世界を自由に行き来できる題材ではないか。どうもそういうものに千住先生は惹かれていらっしゃるのではないかな、というふうに思っています。

　先生は、富士というのは死のシンボルだ、とか「メメント・モリ」と何度もおっしゃいましたが、先生の「滝」も「崖」も、死の象徴で、それと同時に生のシンボルでもある。角野先生も先ほどおっしゃいましたが、砂漠で、すごく生き生きとしたものを感じると同時に、死のイメージというのも、きちっと裏に張りついていて、先生はそこに「美」を感じておられるのではないかなと、非常に浅い深層心理学的解釈ではありますが、思いました。

　千住　それはそのとおりです。というのは、「崖っぷち」にいて、「素晴らしいな、見晴らしがいいな」とは誰も思いませんよね。「私の人生は、崖っぷちです」と言うのは、とんでもない状況だということで、見晴らしがいいという意味では誰も使いません。だけど、例えば、「滝」というのは「崖」の上を流れます。すると、「水」は生命の象徴だけれども、「崖」は、今の意味で言ったら、この先はないという絶望の象徴ですよね。だから、生があって死があって、また同時に静があって動があって、希望があってもちろん絶望があって、明があって暗がある。その対比があるところが、やっぱり描いていて面白いんですよ。このように、同じように崖の作品を描いてみても、崖というのは「人生崖っぷち」みたいな絶望の象徴でもあるけれども、だからと言って暗い絵にはしたくない。その相反するものが同時に私の中には生きている実感として存在するんです。このようにコントロールしながら調和をさせていくところに面白さがあって、逆に希望だけで描いても、社会主義国の大きな看板みたいに、大して面白いものじゃないんですよね。さらに絶望だけだったら、これはもう誰も見ないですよ。描くほうも嫌になります。

　だから、その絵の中に、希望もあり絶望もある、光もあり闇もあるとい

うのが、やっぱり自分自身でも描いていて一番しっくりきて救われるような気がします。

答えのない問いかけを続ける

　画家は、絵を描くことによって、いろいろなことを乗り越えていくことができます。画家が頭を抱えているときにはどうしたらいいかといったら、やっぱり絵を描くしかないんです。絵を描くことによっていろいろな壁を乗り越えていくしかありませんし、次の絵を描くためのヒントは絵の中にしかありません。だから、いかに自分の絵を直視するかということになります。そこでは誰も手助けをしてくれないし、答えなど初めから存在していない。自分が答えだと思って描いたものも、それが本当に答えかどうかが分かるということは、たぶん永遠にないだろうし、何百年経っても、それに対する評価はいろいろとされるわけです。

　そういうこともひっくるめて考えると、芸術というのは、答えのない世界に対して、常に問いかけを続けていくことです。だから、芸術というのは答えではない、問いかけです。「私はこう思うけれども、どうだろうか」という問いかけをしていくのが、私たちのしている制作という行為なのではないかと思います。その問いかけに対して、「私もそう思うよ」と思ってくださる場合、これを「共感」と言うのかもしれません。

　そうやって考えると、例えば、料理人でも、「私はこれをおいしいと思います。皆さんどうですか」と作って出すのが料理だし、歌手でも「私はこういう気持ちなんです。皆さん、どうですか」と歌っているのだと思います。同じように、絵画も、映画も、文学も、全部問いかけであると言えます。答えの返ってこない問いかけということで考えると、これは、アルタミラやラスコーの時代から脈々と続いている「芸術とは何か」という一本の太い柱の話だと思います。

作品を手放すとき

　角野　先生は、芸術家で画家ですよね。やはりプロですから、自分の描いた作品を他の誰かに引き渡すということが前提になっていると思うんで

す。問いかけるという意味では、そこから自分を脱するということが必要になると思うのですが、自分のもとから離れていくという時に、これはもう自分のものだから、手放したくないと感じるということはないのですか。

千住 結局、一番手放したくないものから売れていきますよね。私が手放したくないものというのは、他の人も欲しいんですよ。「こんなもの、どうでもいいから売ってしまおう」というようなものが、売れるわけがないじゃないですか。だから、これは手放せないなと思うようなものを、他の人もやっぱり大切にするということで、これが芸術の面白いところでもあるのですが。

だからいつも、「可愛がってもらえよ」と、自分の子どもを養子縁組に出しているような心境です。自分がいらないものは、誰もいらないんですよ。自分が大切にするものを、他の方も求めてくださるんだなということは、この画業30年で、嫌というほど経験しています。結局いつの時代もどこの国も越えて、同じ人間ということなのでしょうね。

角野 いや、それはなかなか辛いですよね。

千住 まあ、また描けばいいやとは思うんですが、そうは言っても、いい絵というのはそんなにしょっちゅうは描けませんからね。

絵を描くとき、過去の経験は絶対に活きないんですよ。前にこうやってうまくいったから、ということでまた描いて、それでうまくいったためしがありません。画面の中で、毎回予想に反することが起こるんです。だから、毎回初めてみたいで、うまくいっていないのが本当の実力だな、ぐらいに思っています。でも、これは大切な画商さんに渡さなければいけない、とか、コレクターの方が待っている、とか考えると、このままで渡したらえらいことになっちゃうぞと毎回思いますよね。それで必死になって、夢中になって制作して。いつもそんな感じでしょうか。

芸術家にとって大切なこと

角野 ご著書の中で、自分は絵を描くということだけで、ずっと天寿を全うするというふうに書かれていましたけれども、やはりそれは、今おっしゃられたような、一発勝負でずっと作品をつくっていくことに専念する

ということですか。

　千住　本当は、生涯一画家というのが理想です。それが、一番生きていくリアリティがあると思うのです。しかし、私も社会の中で生きていると、いろいろと制作時間を切り詰めなければいけないようなことがあるじゃないですか。だから、やっぱり画家としては、早くアトリエに戻って絵を描きたいと思うことはありますし、逆に、そういう意識があるからこそ、アトリエに入ったときに、ものすごく集中して作品を描くことができるというようなところもあると思います。

　芸術家にとって一番必要なことは何かというと、画家の場合は、まずはアトリエにいるということです。例えば、今私は壇上にいますが、今ここで何かを閃いたとしますよね。でも、今筆も何もないのでどうしようもありません（笑）。

　写真家でも、ぱっと見ていいなと思うような風景があったとします。そのときに、カメラを忘れて手元に持っていないのであれば、その人は写真家として失格です。だから、写真家の才能として大切なことはいつもカメラを持っているということです。同じように、絵描きも、いつも筆と画用紙を持っているということだと思うんです。でないと、24時間、いつ閃きが来るか分からない。モチーフというのは、夢の中で出てきたりもしますからね。だから、この世界はやはり甘くないですよね。アトリエに入ってから考えようとしても、思いつくものではありませんから。

　川戸　われわれ臨床家も臨床の場にいるのがとても大事なことです。

　千住　徹底した現場主義とい

う言葉は、どんな世界にも言えることだと思います。だから、その中で、自然とどうなってくるかというと、私の場合は、やっぱり画家として生きるという使命感をもつことです。そうすれば、例えば、食事をしているときであっても、何か閃いたときに、ぱっと記憶にとどめる用意が出来ている。

一度目の失敗を乗り越え、次に活かす

　しかし、過去の経験から言うと、そういう閃きというのはそう簡単には来ません。だからこそ、その来たときを逃したらだめです。ただ、ここからが面白いところで、チャンスは必ず二度来るんですよ。1回来て、しまったと思って逃す。でも、2回目が必ず来るんです。ただ、そのときも逃したら、本当にアウトです。

　これは、写真家も同じで、いいなと思うシーンでシャッターを切り損なった。1回通り過ぎてしまって、「しまった」とカメラマンはみんな思います。しかし、必ずもう1回チャンスが来ます。だから、1回目でしまったと思う、その気持ちが大切です。その「しまった」と思う気持ちが、次に備えさせるのです。

　私も、「しまった」と思うことがものすごく多いです。例えば、せっかく閃いたのにそれを逃した。または、ちょっと絵の具を塗り過ぎて、絵がすごく白っぽくなった。その「しまった」という経験が何よりも大切で、逆に成功体験というのは役に立ちません。失敗体験だけが私を支えている。だから、その失敗を活かすことができる人が、やっぱりプロフェッショナルなのだと思います。

　角野　とてもよく分かります。伺っていると、もうほとんど、われわれがやっている仕事と一緒ですね。僕もやっぱり患者さんのいろんなサインを見逃して、それで、「しまった」と思ったときに、その後また次のチャンスが必ずやってくるので、「しまった」とその時に分からなければ、もう治療の機会をまったく失ってしまうということが多々ありますね。

　千住　そのチャンスを逃してしまうということは、患者さんのいる世界の場合、一大事だと思いますが、私たちの場合、とても必要なことなので

す。失敗がその人を育てていくということを本当に毎日のように感じます。

　例えば、セザンヌの絵でも、絵の具を塗り直したり、いろいろ描き直していますし、セザンヌに限らず、誰の絵を見ていても、失敗を何とかして乗り越えていこうとする、それがその絵の魅力だったりするわけです。だから、よく本画よりもその下図のほうが魅力的だと言われますが、その下図のほうに悪戦苦闘ぶりが出ているわけです。ここが面白いのですよ。

　だから、よく実物大の下図を描く人がいますが、ほぼ間違いなく下図のほうがいいですよね。本画は、下図の成功体験の塗り絵みたいなことになってしまう場合が多いのです。だから、私の場合、下図を描かない。全部がぶっつけ本番です。

角野　心理療法でも、1回失敗しただけだったら、患者さん、クライエントさんは来てくれますが、2回目に失敗すると、もう二度と来ない。もう中断してしまいます。

千住　二度目で失敗したらいけないというのは、画家でも、写真家でも、先生方の仕事でも、同じだと思います。われわれは機械ではありません。人間だから、失敗するのは当たり前です。科学であっても、いろいろな形でミスを起こす。ミスをするのが人間なのだということを前提に、ちゃんとそれを見据えているかどうかということです。例えば、今の日本の抱えている大きな問題にしてみても、絶対ということはないのだと、いろいろなことを通して私たちは教えられているように感じることがありますね。

川戸　会場の皆様も、いろいろお聞きしたいことはおありかと思いますけれども、もう時間が押してまいりましたので、今日はこのあたりで、千住先生とお別れしたいと思います。先生、本当に、ありがとうございました。

川戸　圓（かわと・まどか）……………………………………………………………………………
大阪府立大学名誉教授。日本ユング心理学会（JAJP）設立時理事長。ユング派分析家。分析心理学とその象徴論を基礎にした箱庭療法やロールシャッハ・テストを専門とする。心理療法をベースにユング心理学と密教思想の類似性、妄想と文化の関連性などの研究を行っている。著書に『心理療法とイニシエーション』『花の命・人の命』（いずれも共著）、訳書に『女性の誕生』『ヴィジョン・セミナー』（いずれも共訳）などがある。

角野善宏（かどの・よしひろ）……………………………………………………………………………
1959年生まれ。京都大学名誉教授。精神科医（医学博士）。ユング派分析家。ユング心理学をベースに、夢分析や描画療法、箱庭療法などを用いた心理療法を行い、統合失調症などの精神病、神経症などの治療過程などについて研究を行っている。著書に『心理臨床を実践する』『描画療法から観たこころの世界』『分裂病の心理療法』、訳書に『絵が語る秘密』『ヴィジョン・セミナー』（いずれも共訳）などがある。

講演録

本稿は、2014年3月2日に京都テルサで行われた2013年度第3回日本ユング心理学研究所研修会の全体講演をまとめたものである。

ユング派心理療法の新しい可能性

河合俊雄
京都大学

ユング派心理療法の前提

ユング心理学の100年

　去年（2013年）、コペンハーゲンで国際分析心理学会（IAAP）の3年ごとに開かれる大会があり、そのテーマが "100 Years on: Origins, Innovations and Controversies" というものでした。ちなみに、2016年には京都で次の大会が開かれることになっています。

　このテーマにある「100年」というのは、ユングが1913年に初めて「分析心理学（analytical psychology）」という言葉を用いて100年ということです。それから、ユングはシャフハウゼンに電車で向かっているときに、ヨーロッパ中が洪水になるという恐ろしいヴィジョンを見ました。これは『赤の書』の最初のヴィジョンですが、このヴィジョンを見たのも1913年です。そういう意味でも、ユング心理学は始まってから100年経っている、と言えると思います。

　この『赤の書』では、イザヤなどのいろいろな聖書の人物や、フィレモンやエジプトの神様みたいなのも出てきて、本当にさまざまな神話的モチーフが取り上げられていますし、いろいろな儀式も出てきます。このような神話的な世界をユング個人の心の内で体験していったのが『赤の書』の特徴だと言えます。

では、このような体験をしたのはユングだけだったのかと考えてみると、19世紀末から1910年頃にかけて、ヨーロッパやアメリカでは非常に多くの霊媒現象、オカルトの実験がなされていました。ユング自身も、テーブル・ターニング（table-turning）というオカルト現象の実験をもとに博士論文を書いています。そういう霊媒現象や不思議なことに対する興味というのは当時、増していたわけです。

　シュールレアリストたちも、この頃、手が勝手に動いて文章や絵が書けるという「自動書記」に興味をもち、実験をしていました。これは、過ぎ去ろうとしている前近代の世界を、心霊的なものとして、あるいは科学的なものとして捉えようという機運が高まっていたからではないかと思います。「無意識」という概念が出てくるのも19世紀末ですので、このような流れの中で出てきたのだと思います。この頃は、ありとあらゆるものが「無意識」で説明されていました。

　また、日本に目を向けてみると、同じ頃、幽霊話に対する関心というのがとても高まってきていました。1910年というのは『遠野物語』が発表された年ですし、この『遠野物語』を書いた柳田國男とユングは、同じ1875年に生まれ、ユングは1961年、柳田は1962年に亡くなっていますので、ほとんど同時期に生涯を送っていることになります。

　『遠野物語』というのは、夢に見たから誰かが亡くなっているとか、山男が出たとか、キツネが憑いたとか、われわれから見ると不思議だと思えるような物語を記録したものですが、それ以前の時代にはそういう話が当たり前でした。そしてそれが無くなろうとしているから関心が高まり、過ぎ去ろうとしていた神話的世界とか前近代世界を記録し、捉えようとしたと言えます。ところが、その時期が過ぎてしまうと、それも無くなってしまいます。『遠野物語』の後で同じような本がどんどん出てきたかというと、そうではないですよね。だから、1910年過ぎぐらいの時期は、『遠野物語』のような文学・芸術・心理学が融合したものが生まれやすい時期、また、過ぎ去ろうとしている前近代の世界観を心理学的に体験する時期だった、と言えると思います。

　そして、先ほども少し述べましたが、そのような過ぎ去ろうとしている

神話的世界観をユングが個人の中で体験していき、そこに意味を見いだしていったというところが、ユング心理学が生まれてきたことと大きな関係があったと思います。そういう意味で、ユング派の心理療法というのは、前近代の癒しの技法や技術、儀礼といったものが関わっている心理療法だと言えます。

日本における50年
　内山節の『日本人はなぜキツネにだまされなくなったのか』（講談社現代新書, 2007年）という本をご存じでしょうか。この本には、1965年を境にして、日本人がキツネにだまされたという話がなくなっていったということが書かれています。高度経済成長期であるとか、近所付き合いの変化などの日本人の変化、など理由はいろいろと考えられますが、1965年というのは、神話的世界や前近代の世界観が、さらにもう一段失われていった時だったと言えると思うのです。
　また、この1965年というのは河合隼雄がユング派の分析家として資格を取って、日本に帰国してきた年です。だから、来年（2015年）は、ある意味では、日本でのユング心理学誕生50周年ということになります。では、その河合隼雄が日本に帰ってきてからどうだったのかというと、日本に帰ってきたお祝いが実家で催されたときに、タクシーで母親の手を詰めそうになったり、お祝いの宴で食べた鯛の骨が母親の喉に刺さって大変なことになったりと、何度か自分の母親を傷つけそうになった、と京大の最終講義で話しています（『こころの最終講義』新潮文庫, 2013年）。これについては、自分の中の「母なるもの」を殺そうとしている、「母なるもの」と対決しようとしている、というふうに河合隼雄は読んでいます。『ユング心理学入門』（培風館, 1967年）にも肉の渦の夢を見た不登校の子の話が書かれていますが、これも「母なるもの」に捕まっているのではないか、というふうに考えるわけです。だから、この1965年に河合隼雄が戻ってきてからは、一つは「母なるものとの対決」というテーマがとても大きなことになったと思います。それは、ある意味では前近代の世界観との対決だったとも言えます。

また、河合隼雄が日本に導入した非常に大事なものが箱庭療法で、この箱庭療法によって、日本にユング派の心理療法というのが劇的に広がっていきました。これは、箱庭療法が「モノには魂がある」とする日本人の心性にうまく訴えかけたからではないかと思います。

　井筒俊彦とジェイムズ・ヒルマン（James Hillman）との鼎談の中で（『井筒俊彦全集』第 8 巻所収）、河合隼雄は「日本人が下界の現実について、例えば木や石について語るとき、それはヴィジョン的な性質をもっているのです」というふうに語っていますが、もし1965年に帰国したときに、いきなり夢分析とかアクティヴ・イマジネーションとか言ったら、日本で信用されるのは難しかったかもしれません。でも、この木や石について語る、木や石に触れる、砂で何かをつくるということがヴィジョン的な性質をもっているというところを生かして、その中でも、美的であることとか、物語性とか、そのあたりをうまく訴えて、日本でユング派の心理療法を導入したのは達見だったのじゃないか、日本人の前近代的な心性を生かした導入だったのではないかと思うわけです。そう考えると、河合隼雄は、一方では母なるものとの対決という自我をつくる方向性と同時に、もう一方ではこの日本に残っている神話的世界観、前近代的な世界観に訴えることによって、ユング心理学を導入したと言えると思います。

　最近、私は国際分析心理学会の仕事に関わることがとても増えてきているのですが、国際的に見て東アジア、ラテンアメリカ、東ヨーロッパでは、アカデミックな人もユング派の心理療法に関心をもっていますし、非常に勢いがあります。ところが、北米とかヨーロッパ、特に北ドイツやイングランドやフランスの北部では、歴史的にキリスト教、特にプロテスタンティズムが染み込んでいるためか、そういった前近代の豊かだけれどもややこしい心性や世界観が失われてしまっていて、ユング派の心理療法を受け容れるのは厳しいと言えるかもしれません。

心理療法の二局面

　ここで、改めてこのユング心理学の100年、日本の50年の心理療法を見てみると、現在において二つの局面があるように思います。一つは、心理

療法が後退してきているということです。現在、臨床心理士指定大学院への希望者が減ってきていますし、臨床心理士やユング派の心理療法家というのは職業として成り立つのか、という疑問が若い人に生まれつつあるように思います。

北米やヨーロッパでも、昔のように心理療法でキャンセル待ちというような状態ではなくなってきています。つまり、サイコロジカル・マインドをもったクライエントが減ってきている。そういうときに、ユング派の心理療法はどうなるのだろう、と思うわけです。

しかし、このように心理療法が後退しているのに、他方では大いに発展している。今、どこにでも心理療法とかカウンセリングはありますよね。病院もそうだし、被災地もそうだし、刑務所だってそうです。サービスとして心理療法はどこにでもある。ヒルマンは「心理療法というのは社会の潤滑油になってきている。一度、アメリカ中のカウンセラーとか心理療法家がストライキをしたら面白いんじゃないか（笑）」と言っていました。

日本でもこの50年間で、それ以前にあった前近代的な主体のない世界から、母なるものと対決して一気に自我が成立してきたかというと、どうもそうではなく、ポストモダン的な主体のない世界になってきているのではと私は思います。村上春樹の小説を分析した拙著『村上春樹の「物語」』（新潮社, 2011年）でも書きましたが、一方で、前近代的な神話的な世界がある、他方で、ポストモダン的な主体のない世界がある、という状況が今の日本に結構当てはまるのではないかと思っています。

オープンシステムとしてのユング派心理療法

先ほど挙げた『日本人はなぜキツネにだまされなくなったのか』にも書かれていますが、例えば、誰かが突然変なことを話し出したり、女性なのに男性になったり、小さい子のような話し方をはじめたりすると、昔は、キツネが憑いたとか、怨霊のせいであるとか言われていました。明恵上人がインドに行こうとしたとき、女の人に春日大明神が乗り移って「インドに行くな」と言われ、インド行きを断念したという逸話もあります。そういうふうに、昔は何かが乗り移ってくると考えられていました。それに対

しては、お祓いをしたり、おがみやさんの力を借りて何とかしたり、ということになります。

　ところが、現代の心理療法はそういう考え方をしないですよね。例えば、私がここで急に赤ちゃんのような話し方をしたりすると、それは私の人格の解離、あるいは多重人格であると考えるでしょう。私の心の中に、そういう赤ちゃん人格があって、それが時に出てくるのだと考える。あくまでもその人の心の中のことだと考えるわけです。つまり、近代の心理療法が扱うのは、クローズドシステムとしての心なわけです。

　先ほど、モノには魂があると言いましたが、デカルトの考え方では、人間が考える、それが主体である、とするので、人間の主体にしか心はない、人間にしか魂がない、モノには魂がないということになります。つまり、心とモノを分けるという考え方です。ラカンも「デカルトなくして精神分析はなし」と言っていますが、この心とモノを分けるところに近代の心理療法の成立の鍵があると思います。つまり、人格を閉じられたものとして考え、自分と自分の対話とか自己関係を考えていくというのが近代の心理療法です。

　ところが、ユング派の心理療法は、そういうクローズドシステムではありません。モノとか自然にまで広がるオープンシステムとしての心を扱う「古代の癒し」に似ていると思います。

　その一番典型的なのが箱庭療法で、モノに魂がある、そこに作られた風景に魂がある、と考える立場です。さらにユング派の心理療法では、夢とかイメージが非常に大事にされます。「アニマ」などがそうですが、女性像などのイメージに独立した人格とか自律性を認めていますよね。このような、ユング派心理療法と近代心理療法との違い、ユング派心理療法と古代の癒しの技法、世界観との近さについては『ユング派心理療法』（ミネルヴァ書房, 2013年）の中にも書いています。

妥協としてのユング心理学理論

　このように、ユング派の心理療法というのは、前近代の世界観、あるいは前近代の存在のあり方に基づくオープンシステムだということが分かる

と思います。

　オープンシステムということは、経済原理として考えてみると、「交換」ではなく「贈与」であるとも言えます。「交換」というのは、例えば、品物を買えばお金を払う、プレゼントをもらう代わりにお返しをする。あるいは、私が50分というセッションを心理療法として提供し、その対価としてお金が払われる、といったように、基本的に一対一対応で行われ、それが交換の原理です。

　それに対して「贈与」というのは、文化人類学的な概念ですが、向こう側から自分のところにやって来るものです。だから、自然が恵みをもたらしてくれるとか、向こうの世界から何かがやって来るとか、そういうのが「贈与」です。ユングもイメージというのは２人の間に現れてくる第三のものだと言っています。だから、ユング派の心理療法というのは、オープンシステムであるし、必然的に「贈与」としてのあり方をしていると思います。

　しかし、そのオープンシステムを、近代心理学として個人の心の中に位置づけないといけない。そこで、時間と場所を提供することに対してお金を支払ってもらうという「交換」を取り入れました。つまり、あり方としてはオープンシステムなのだけれども、モデルとしては、近代心理学の枠組みに、ユングは苦労して位置づけたわけです。

　他にも、神について述べる際にも、ユングはなかなか苦労していて、近代の世界観では、神そのものは扱えなくなってしまうけれども、「神のイメージ」、つまり心の中のイメージという形で扱えるようにしています。このあたりが難しいところで、一つには、ノスタルジーの問題があります。つまり、前近代の失われた世界というのはもう無くなっているかもしれないけれども、それが心の中にあるものとして取り上げられると、ノスタルジーを満たしてくれる。あるいは、ユング派の心理療法では方法論としてそれをやるわけです。

　ここまでのお話で、ユング派心理療法というのがいかに前近代の世界観に基づいていて、心はオープンシステムである、という考え方に依っているかが分かると思います。

ユング派心理療法のチャレンジ

クライエントの症状の変化

　私が心理療法を学び出した頃は、対人恐怖が日本人の神経症として圧倒的な広がりをもっていたように思います。近所の人あるいはクラスメイトの視線が気になる、噂をされているように思う。つまり、そういうちょっと知っている人との間に不安を感じるということですが、そこには「自分」が見られている、噂されているという自意識の問題があります。

　ところがその後、1970年代の後半から1980年代になると、境界例が非常に増えました。強い自己主張と二者関係のこだわりというのが特徴的ですが、その二者関係のこだわりというのが、母親あるいはセラピストに対して現れることが多かったように思います。

　そして、これまでのセオリーの通用しない境界例の人にどのように会っていこうかと、心理療法家は日々悩まされ、いろんな工夫をしていったわけです。そのうちに、この頃の境界例の人は、昔ほど強烈にこだわるということがなくなってきたなと思っていると、1990年代ぐらいからは、やったことを覚えていないとか、自傷行為をする、といった解離性障害が増え、クリニックの相談室やプラクシスを賑わせていました。

　ところが、2000年以降になると、非常に広い意味で、発達障害の人が増えてきました。生物学的な根拠があるにしては、ちょっと増えすぎなので、「流行」に乗っているのではとも思いますけれども、他者とうまくコミュニケーションができないと訴えてくる人が増えた。「主体」ということは必ず「他者」を前提としているものですから、これは主体性がない人が増えてきたということになるのではないかと思います。

　ユング派の心理療法からすると、境界例の人は治療枠というところに徹底的にこだわるので、それではイメージの内容というところまでなかなか行けませんから、そういう人にどう会っていけばいいだろう、ということになります。それが発達障害になると、ついに主体性がないとか弱いとい

うことになった。しかし、われわれは、健康診断のように問題のある人をピックアップして心理療法をしているのではなく、クライエントが自分から心理療法を受けようというその主体性がとても大事ですし、セラピストがアドバイスをするのではなくて、クライエントが自ら解決を考えていくということが肝要になります。そういう意味で、主体性のなさというのは、心理療法にとって致命的と考えられるわけです。

それだけではなく、例えばバウム・テストで、「木を1本描いてください」と言うと、窓から見える木をそのまま写生したりする。発達障害の人は、文字通りのことしか理解しないから、それでディスコミュニケーションが起こる。こういうイマジネーションが弱い人に対して、ユング派の心理療法でどうしていけばいいのだろう、という問題が生じてくると思います。

科学性、効果

国の政策も関係していますが、最近は認知行動療法というオーダーでないとクリニックでの心理療法が難しくなってきています。それから、世界的な傾向として、結果が早く見えないといけない世の中になってきていて、認知行動療法はとても分かりやすいので、勢いを増してきています。

また、心理療法の明瞭な効果が求められる傾向も強まっています。ヨーロッパを中心として、心理療法家の資格ができて、心理療法に対して保険が支払われるようになったのは良かったのですが、そうすると、保険会社はその効果が本当にあるのかということにこだわるようになります。その結果として、効果が出ないものには保険がおりないということになり、心理療法はとにかく効果を出さないといけない傾向が強まっていきました。

余談になるかもしれませんが、私の勤めている隈病院で、常勤カウンセラーの田中美香さんを中心に、カウンセリングのオーダーを受けた人の甲状腺のホルモンの値や抗体の値などを調べたところ、短い心理療法を受けた人は、必ずしも数値は良くなっていない人が多いけれども、長期にわたるカウンセリングを受けた人は、ホルモンの値が寛解し、良くなっている割合がとても高いことが分かりました。心理療法に来る人は、医者がどう

しようもなくなった難治性の人が回されてくることが多いということもあるのかもしれませんが、圧倒的に難治性の人が多く、寛解率が非常に低いです。このデータについては田中美香さんが『日本心療内科学会誌』に投稿してくれましたが、裏づけを求められるプレッシャーがユング派の中でも強まっていますので、こういうデータをこれからも出していく必要があるのではないかと思います。

アウトリーチ

　また、今の心理療法は、相談室の外へ向かっていく傾向がとても強いと思います。本日講演を聞いていらっしゃる方の中にも、自分のオフィスはあるけれども、週に1日か2日はスクールカウンセラーにも行っているという人がおられると思います。あるいは、病院の中に遺伝カウンセリングがあったり、糖尿病や自己免疫疾患、あるいは先天性疾患に対してカウンセリングを行ったり、あるいはターミナルケアだったり、犯罪被害者、受刑者に対する公的なカウンセリングのサービスがあります。そして、学校でいじめがあった、自殺者が出たとなると、臨床心理士が派遣されて危機介入が行われたりしますし、私も訪問していますが、東日本大震災の後は、震災後のこころのケアということで臨床心理士が現地に派遣されています。このように、もともと心理療法ではクライエントが相談室を訪れていましたが、今はセラピストが相談室の外に行って心理療法を行う、というアウトリーチの傾向がとても強くなっています。

　それに伴って、心理療法はクライエントが主体的に料金を払って受けるものではなく、当然受けられるサービスのようなものになってきています。先に例に挙げた、受刑者や犯罪被害者へのカウンセリングやスクールカウンセリングがそうでしょう。だから、クライエントが主体的に相談室を訪れ、料金を払うという元の形態が、今はかなり崩れてきていると思います。

　これはどういうことなのだろうと考えると、なかなか難しくて、ユングは、アニマ像というのは分析が進んでいくと心の機能になっていくというふうに言っていますが、それと同じことで、心理療法も、社会に浸透するにつれて、社会の機能になってきているのではというふうに考えられると

思います。それはそれで良いことなのかもしれませんが、こうなると、ある種の簡略化が進む、つまり、分かりやすいものになります。

　この間、中沢新一さんと対談をしたときに、中沢さんが言っていましたが、やはり世の中ではシンプルなものが勝っていく。禅仏教の厳しい世界とか何とか難しいことを言われても一般の人には分からないので、シンプルになった念仏がこれだけ広まった、というのは当然のことだと。だから、やはり人間というのはどうしてもシンプルなものを好むところがあるのではと思います。

　このように安い料金でサービスを受けられるようになると、職業として分析家は成り立つのだろうか、長くお金のかかる訓練を受ける意味はどれだけあるのだろうか、という疑問が出てきます。だから、アメリカでも、ユング派の心理療法のワークショップやセミナーは人気があるのに、分析家になろうという人は減少傾向にあると言われています。

　また、これだけ相談室の外に出ていくということになったときに、長い時間をかけて個人の内面を深める意味はあるのか、個性化というモデルはどうなるのか、という話になってくる。ユング派心理療法としては、スーパーヴィジョンのほうが重要になってくるのかもしれないという考え方も出てくる。そうすると、これまでの訓練モデルや資格への疑問が出てきます。

ユング派心理療法の新しい可能性

主体という視点

　ここまでの話で、「ユング派の心理療法って厳しい状況なんだな」で終わると困るし、ここから巻き返しで、ユング派心理療法の新しい可能性について、自分なりに思っていることを話していきたいと思います。

　一つが「主体」という視点です。先ほど、クライエントの症状が変わっ

てきていると言いましたが、私が心理療法を学び始めた頃からずっと長い間、私の中では、病態水準という視点が、クライエントさんに会ったときのとても大事なオリエンテーションでした。

　以前、科研の研究で甲状腺機能低下症の人や甲状腺腫の人にバウム・テストを施行したのですが、樹冠が切れ切れになっていて、筆圧もとても薄かったり、樹冠がなかったり、1本だけの枝だったり、幹が一本線になる人もいたり、非常に構造が弱い木が多かったです。また幹や枝が開いていて、非常に開放的なバウムもありました。こうしたバウムは統合失調症のレベルでないとなかなか出てきませんから、ブラインドアナリシスでこれらを見せると、バウム・テスト経験のある人は、精神病じゃないのか、と見立てると思います。たしかに病態水準で見ると精神病圏だということになります。こういう絵を描いた人に話を聞いてみると、主語が分からないというか、主体が定まっていない。話がどんどんと逸れていったり、そもそも病気であるという自覚がなくて、他の人に連れて来てもらったり、主体がはっきりしていない人が本当に多いです。

　しかし、こういうびっくりするようなバウムを描かれても、現実適応は一応できている人が多いので、病態水準ではなくて、主体性がどの程度あるかというグラデーションでパーソナリティを見ていったほうがいいのではないか、というふうに考えるようになりました。

分離という視点

　ではどのように主体ができてくるのかと考えたときに、「分離」という視点が大事になると思っています。考えてみると、河合隼雄が取り組んだのも、母なるものからの分離でした。それと同じことじゃないかと思われるかもしれませんが、最近は、親も子もあまり区別がなくなっています。例えば、本当にびっくりする例ですが、お母さんが幼稚園で「あの子、イケメン」と言って、男の子を追い回したり、中学校の卒業式に、気に入っている男の子とのツーショット写真を娘に撮ってもらったり、ということが起こっています。こういう例を見ていると、どうも親子の区別がなくなってきていて、同質の親子がどう分離できるかということがこれからは大

事になってくるのではないかと思います。そういう分離は、親子関係でも起こることですが、治療関係でも起こってくることだと思います。

ユングは、錬金術の研究を通じて、「結合と分離の結合」という概念を提唱しました。これは超越性との関係、神との関係などで出てくる概念です。つまり、関係があるというのは、「分離」があってこそ初めてつながることができるのであり、「分離」と「結合」の両方があることがとても大事だということです。そういう意味で、ユングの「結合と分離の結合」という概念は主体の成立の説明に適しているのではないかと思うわけです。

主体の成立について、私が親からどのように分離できるか、私が何をするか、という側面を強調しましたが、もう一つの大事なポイントは、主体というのは、必ずしも狭い意味での「私」と同じではないというところです。それを次の例で説明したいと思います。

『ユング派心理療法』（ミネルヴァ書房, 2013年）に大久保もえ子さんの子どもの事例を掲載させてもらいましたが、その1回目のプレイセラピーでは、ボウリングのピンを横に倒してそれらをつなげていきます。これは、分離がない状態であるとか、あるいは、何物も発生していない状態であると言えると思います。その次にその子はピンを立てましたが、これは分離であると同時に、垂直的な動きとか、何かが吹き出し発生する動きである。つまりこれは、「主体」が立ち上がったということではないかと思います。ただ、この事例では、ボウリングのピンが分離されて立ち上がったのであって、必ずしもこの子自身の「私」が立ち上がったのではありません。このように「主体」とは狭義の自分に限られていなくて、それは次の「自然（じ ねん）」という概念にも関連しています。

主体と自然

　ユング自身、よく「nature（自然）」という言葉を使いますが、この自然ということに対してはなかなか矛盾した見方をしています。例えば、転移関係によって治療が行き詰まっていた女性の事例に対して、行き詰まってしまったので、セラピーを夢という自然なものに委ねることにした、と書いていますし、夢については、フロイト派が言うような歪められたものではなく、自然なものであるということを繰り返し強調しています。ところが、ユングは、錬金術がそうですが、against nature とか自然に反する作業だということも非常に強調しています。

　さっきも言ったように、河合隼雄は、一方では母なるものから分離して自我を確立する方向性、他方では箱庭のように無意識の展開という見方をしていたわけですが、それは河合隼雄自身が言うところの「自然」にも出ているのではないかと思います。「じねん」というのは、nature の最初の訳語ですが、この「自」には、「自ずから」と「自ら」という両方の意味があります。つまり、「自ら」というと、「自ら名乗り出る」とか、主体性が強くなりますが、「自ずから」というと、勝手にそうなるわけで、主体的にやっているわけではありません。だから、「自然」というのは、自我主体的なものと、無意識の自己展開という両方の面をもっていると言えるのではないでしょうか。

　考えてみると、英語の subject というのは、英語で「主体」「主語」という意味がありますが、それと同時に、"What's the subject today ?（今日のテーマは何だろう）" と言うときは「対象」という意味です。だから、英語の subject にも同様に、主体と対象という両方の意味があることが分かります。「主体」というのは、本来そういうものなのだと言えるのではないでしょうか。そのあたりについては、河合隼雄の『日本人の心を解く』（岩波現代全書，2013年）の『宇治拾遺物語』について書かれた第1章に詳しく書いてあります。

イメージという方法論

　最近のクライエントはなかなか家族のことや自分の内面のことを話して

くれません。そんなクライエントに、精神分析のように、過去のことを尋ねたり、人間関係を尋ねたりするのは、なかなか現代と合わなくなっているというふうに思います。それをやりだすと、ある種のカルトになっていきますし、そういう意味では、精神分析の可能性というのは、カルト化していくところにあるのではないかと思うぐらいです。

　ユング派の心理療法では、そうした葛藤であるとか過去のことについては、話してくれたらもちろんそれに関わるけれども、あえては関わらない、ということですが、それは実はむしろ現代に合っていると思っています。つまり、今の若い人は、ネットなどの仮想空間で別の人物になりきるということが結構当たり前になっていますから、思い切って、夢とかイメージとか描画を扱って、そこに集中してみるということ、それらを積極的にある種の仮想空間として提示していくということは、むしろ現代に通用するのではないかと思っています。

　アウトリーチでさまざまな現場に行ってみると、遺伝カウンセリングの専門家だったり、トラウマの専門家だったりなどという専門家がいて、彼らはいろんな方法をもっています。ユング派では、イメージを扱うというのはありますが、そういう意味での「方法」はもっていない。むしろ、何が生じてくるかを待つ、方法論を押しつけないところが良いところだとも思うのです。

個別性への意味づけ

　私も震災後のこころのケアに関わっていますが、それを通じて驚くほど震災という原因、誘因が中心にならないことに気づかされました。われわれはどうしても目的意識をもってしまって、震災のトラウマをケアしないといけないと考えて、トラウマを見つけようとしますし、ターミナルケアに行くと、死の準備をしないといけない、とか、自己免疫疾患に対しては、ストレスに対処しないといけない、とか、そういうモデルを導入していきます。

　でも、そうではなくて、何が起こってくるかを待ってみると、そこで出てくるものは、個々人の家族や人間関係の問題などの、個人の小さな物語

なのではないかというふうに思います。もちろん、災害のショックみたいなのは確かにあるのだけれども、人間の心の回復力って結構すごいと、今回震災後のこころのケアをしていて感じました。

　そうすると、ターミナルケアや身体疾患においても、個別の物語、個別の心理学的課題にどうやって入っていけるか、ということがとても大事になってきます。例えば、癌でもうすぐ亡くなるという人が、死の受容とかそういうことをするとは限りません。もうすぐ死ぬということがあっても、少しでも何か心理学的課題を見つけて成長していくということが結構ありますし、そうしたぎりぎりまで成長していくということには心を打たれるものがあります。だから、先入観をもって会わないほうが面白いことが起こってくるのではないかなとも思います。

　また、震災のケアをしている中で、大量の動物たちが置かれるという箱庭に幾つか出会いました。私はそれを見て、これは自然の贈与だなと思いました。津波というのは恐ろしいものではあるけれども、ネガティヴなものだけではなく、同時に自然の恵みでもある。向こう側からうわーっと大量の生命力みたいなものが来る、というのが、子どもの箱庭に現れたのではないかというふうに思いました。

　そうすると、こういう時にユング心理学にはどういう意味があるのかと考えてみると、一つは、先ほども言いましたが、押しつけるのではなく、オープンな姿勢でいるということがあり、また一つには、イメージを使うことで、それぞれの心理学的課題だけではなく、全然違う次元のものが見えてくるということがあると思います。ですから、ユング派心理療法の立場からは、こういうケアをしていますとスーパーヴィジョンの場で言われたときに、そこでどのような心理学的課題を扱っているのか、どういうことに心理学的意味があるのかということについて話し合うことができ、そして時折見えてくる次元の異なること、超越性ということに対する視点をもっているということが、ユング心理学の強みなのではないかと思います。

　だから、現代のユング派の心理療法では、ユングが考えていたような個性化の過程を進めるということは、必ずしもメインにならないのではないかというのが、個人的な実感です。超越性を深めて何かを結果として出す

というよりは、そこに触れたからこそ、そこから先に進める、現実に帰ってくることができるということがあるのではないかと思います。そうすると、個人分析を受けるというのは、その超越性に触れるという意味で大事だと思いますが、そのプロセス自体を満たすというものではないのではないかなと最近は考えています。また考えは変わるかもしれませんけれども。

新しい理論

また、ユング派の心理療法は、前近代のあり方を方法論的に行っているというだけでは、少し不十分じゃないかとも思っています。やっていること自体は間違いないけれども、社会や学問の世界の中での「ユング派の心理療法というのはこういうものだ」という説明は、まだまだ不十分じゃないかと思います。

ギーゲリッヒ（Wolfgang Giegerich）は、夢の世界の中に入るということをとても強調しています。つまり、個人のパーソナリティから夢が出てきていると説明するのではなくて、夢自体から出てくるものを大事にしよう、そのためには夢の世界に入っていくことが大事だと言っています。しかし、夢というのは、そういう閉じられた世界なのだろうか、夢にはもっとインターフェイスとしての機能があるのではないだろうか、というのが私の最近の疑問です。村上春樹の小説を読んでいても、突然誰かが枕元に立っていたけれども、それは本当にその人だったのだろうか、というエピソードがあったりして、夢やイマジネーションにはインターフェイス的な機能があることが分かると思います。特に、夢で他者につながるとか、生死を超えるということはよくあるのではないかと思いますし、皆さんもそういうことに出会われたことがあるのではないでしょうか。

そうすると、どうしてそういう境界を越えられるということがあるのだろうかと疑問が沸いてくると思います。どうして向こう側から来る、つまり贈与のようなことがあるのだろうか、どうして何もないところから主体が発生してくるということがあるのだろうか、などということについて、もっと理論的に、学問的に捉えていくということが、ユング心理学として大事なのではないかと考えています。

近代心理学の枠組みの中で、集合的無意識などの概念で前近代の世界観を扱うだけではなく、実際に人が良くなったり、亡くなったりするときというのは、そういうインターフェイス的につながってしまうということがよく起こると思うのですが、それをどう捉えたらいいのかという理論が必要になるのではないかと思います。

　そのために、非常に大きなヒントを与えてくれるのが華厳経です。すべてが縁でつながっているけれども、その中で個のようなものが生じる。それぞれのものに全てが関連して入っていると、個々のものの区別はなくなるはずであるけれども、関係するあるものは有力になっても、あるものは無力であって、それによって個々のものは異なるようになる。人との関係でもそうだけれども、全員とつながっているはずなのに、ある時にある人とつながっていることによって自分の個性が決まるとか、そういうところにも言えると思います。

　それは、現代のカオス理論や複雑系などともつながる話だと思いますし、ユングの共時性もこのあたりがポイントになるのではないかと思っています。

　河合隼雄は、華厳にとても関心をもっていて、『ユング心理学と仏教』（岩波書店、1995年）の中でも、それについて書いています。この本は、河合隼雄が書いた心理療法の本の中でも最高のものだと思いますが、そういうインパーソナルな関係であるとか、境界を越えることもあるし、あるいは、どうしてそれぞれの個というものが生まれてくるのかということについても、それなりに書いています。現代のわれわれとしては、そういうことも踏まえつつ、今後のユング理論というのを考えていけたらいいのではないか、と思っています。

　最後に少し今後の課題をあげましたが、ちょうど時間になりましたので、これで私の話を終わらせていただきます。どうもご清聴ありがとうございました。

河合俊雄（かわい・としお）
1957年生まれ。京都大学大学院教育学研究科博士後期課程中退。Ph. D.（チューリッヒ大学）。ユング派分析家。臨床心理士。現在、京都大学こころの未来研究センター教授。専攻は臨床心理学。著書に『村上春樹の「物語」』『心理臨床の理論』『ユング派心理療法』（編著）『発達障害への心理療法的アプローチ』（編著）『思想家 河合隼雄』（共編著）『大人の発達障害の見立てと心理療法』（共編著）など。

論 文

研究論文
「針を抜く夢」についての考察
共同体からの離脱と「個」の成立

前川 美行
東洋英和女学院大学

1　はじめに

　社会を震撼させるような大災害は、社会にあり方を問い続けると同時に、個人に生き方を変えるよう迫る。紹介する事例は被災により混乱し、命の重さに圧倒され、自らの生き方を問い直さねばならなくなった一人の女性である。本論文は報告された夢を中心にその心理療法過程を提示し、特に自分の腕から「針を抜く」夢を「蛇婿入」の視点から検討し、「針」を自分で抜く行為の現代的意義について考察するものである。

2　「蛇婿入」と針

　事例経過提示の前に、昔話「蛇婿入」を簡単に紹介したい。「蛇婿入」は、「苧環型（オダマキガタ）」と「水乞型（ミズコイガタ）」など日本各地に伝わる、類話の多い昔話である。それにもかかわらず子どもに語る昔話集には入ることが少なく、一般にあまり知られていない。現代の日常生活の意識からは遠い昔話であるからか、あるいは、なぜか隠されている昔話であるとも言えるかもしれない。

まず「苧環型」を引用しよう（関, 1978;21頁）。

　【熊本県・天草郡】娘が妊娠する。男の姿は娘にだけ見える。乳母が木綿針に糸を通して男の襟に刺させる。乳母が糸をたどると水の中に入っている。立ち聞きするとお前は金気を持っているから仲間に入れぬ。俺は子どもを持つぞ。人間は知恵が多いから魔の子は三月の桃酒と五月の菖蒲酒でおろすと語るのが聞こえる。（後略）

ここで用いられる針とは鉄という、文明や意識の獲得の象徴と考えられる。苧環型では父親が登場する話は少なく、織田（1993）は、「父権的ウロボロスの侵入」を受けた娘が内なる原初的な母であるグレートマザーとして機能した母親の援助で、蛇の子を流産し、母娘の姉妹的関係の段階の枠を越えられずに終わるととらえている（44頁）。

　【福島県・南会津郡】干天のとき、長者の頼みにより雨を降らせ、蛇は約束通り娘を娶る。娘は針千本と瓢箪千を持って嫁入りする。その瓢箪を沈めにかかった大蛇は疲れはて、針を体に刺されて死ぬ。後半姥皮。娘は逃げる途中、蛙の婆から婆っ皮をもらい、飯炊き婆としてある長者の家で働く。夜、婆っ皮を脱ぎ観音経をあげていると、そこの息子に見られる。息子は病気になる。占いもののいうとおり家じゅうの女を会わせる。娘が行くと病気も治りその家の嫁になる。（関,1978;59頁）

これは後半が「姥皮型(ウバカワガタ)」につながる「水乞型」である。その特徴は父親が登場し母親がほとんど登場しないことと、娘自身が蛇を殺すことである。織田（1993）は、女性自身のもつこの攻撃性を強さととらえ、私たちの心に普遍的にある「怒りの女性」として考察している（49-56頁）。一方、河合（2002）は、日本昔話に登場する決意し切断する小気味よい女性を「意志する女性」（327頁）と呼んでいる。河合は、日本人の自我は女性像によって示す方が特徴をよく表しうると考え、「女性の意識」という視点を重

視する。それは男女を問わず持ち得る、自我＝意識のひとつの在り様と述べる。わが国特有の過剰な感傷性から、ふっきれた、さわやかな存在で、新しい自我像であると注目している（314–330頁）。また、山口（2009）は、蛇婿入の針は男性的な攻撃性と破壊的な力を象徴する一方で、地道に刺し、加工していくことで、自然から文化への方向性を導く女性的で文化的な道具であると言う。そして針を刺す行為を「女性の自己」としての山姥に属し、本来的に備わっている攻撃性と破壊性を生きることととらえ、その意義を考察している（180–181頁）。

以上のことで分かるように蛇婿入は、たとえ現代の意識からは遠く位置していても、夢や深層心理の世界では私たちに近く、自我の在り様への示唆を含む象徴的意義をもつ物語であると言えるだろう。

3　心理療法事例の提示

(1)　事例概要

クライエント：30代女性、Aさん
家族：両親と同胞は実家在住
成育歴：X市近郊で生まれ育った。父親は家長意識が強く、母親は従順でお嬢さんのまま母親になった感じの人と言う。高校時代、女性教師に憧れたことをきっかけに教師になりたいと両親の反対を押しきって大学に進む。両親の反対は強く、父親の紹介で内定を受けるが、最終的には内定を辞退して教師になった。Xで教員になった頃に偶然父が転居を決め、Aさんは就職と同時に一人暮らしを始めた。
相談期間：計14回（震災9か月後から1年6か月後まで）

(2) 相談に至るまで

　就職後数年でAさんは身体疾患（大腸炎）に罹患。ストレスが悪化の原因と言われ、教師の大変さに気づき、働きながら治療。被災前に軽快。そしてX市で被災。数か月後、身体全体が重く頭痛がひどくなり休職し、被災地から離れた実家に帰省した。現在の実家は、Aさんにとってはその地域も含めて懐かしさやなじみを感じられない場所である。先輩教員から震災のことはちゃんと話したほうがいいと勧められて来談。インテークでは、「休職期限が切れる前に復帰するかどうかを考えたい。戻りたいと思うが、Xに戻ると身体症状がつらくなり困っている。」そして、「心理相談では何をしてくれるのか」「震災体験を話す必要があるのか」と何度も尋ねていた。知人に勧められ、何とかなるのなら何でも試したいという気持ちで相談に来たのがAさんの意識的なモチベーションであった。インテークの話から、筆者は、好奇心が強く、はっきりとした意見をもつ人という印象を持った。

(3) 面接経過

（「　」はAさんの言葉、〈　〉は筆者の言葉である）
①ふたを開ける：揺らされる（#1　震災から9か月後）

　Aさんは、明るく、時にじっと考え目を見て質問してくる人だった。先が見えない焦りがあったからかもしれないが、疑問に感じたことを納得するまで訊き返す態度に、筆者は少し押され気味であった。当時の筆者はAさんの被災体験を意識し、明るいAさんの心理状態を測りかねていた。

　相談に来るまでの経緯を話し、実家では居候のようで居心地が悪く、「被災者なんだ、皆と違うんだ」と意識させられることがつらいと言う。少し前に一度Xに戻ったところ、3日目くらいから頭痛や身体がどーんと重くなりダメだと思った。教師をやめようと思っていたが、やめられない自分もいて、結局決められず迷っている。先輩に相談したら「ふたしてちゃだめだよ」とここ（当相談機関）を紹介された。「震災のケアって何を

してくれるんですか？」疑いや不信による質問ではなく、興味から尋ねているように筆者は感じた。〈正直なところ、まだどのようなことをしたらよいのか、私たちも分からないんですが。ゆっくりとお話を伺いながら一緒に考えていきたい〉と筆者が答えると「ふーん」と考えている。心理療法を勧められたことから心理学に興味をもち、臨床心理学関連の河合隼雄の本を読んでいると言う。筆者は〈震災という受動的に被った体験を改めて自分の体験にしていくことが大切で、そのお手伝いをするのが心理療法。いろいろと一緒に話をする場〉と説明し、夢を見ることがあるかと尋ねると、「よく見る」との返事で、すぐに数日前（インテーク後）に見た夢が話された。

【夢1】ベッドで寝ていると、今読んでいる本の著者（河合隼雄）がベッドを揺らす。私はワーッと叫ぶ。⇒（⇒以下は連想）「すごく怖かった。やっぱりここに来ようと思った。」筆者は初回にいきなり震災時の体験を聞くことをためらっていたが、この夢から自然に震災時の話になり、筆者から尋ねる流れになった。「ぐらっと来てどーんと揺れた」と激しい揺れとその時の様子が話された。「怖かった、どうなるのか不安だった」と。一人きりでいた部屋での被災。揺れている間、わあわあと騒いでいたという。揺れが収まって「一人でここで死にたくない」と思い、あわてて外に出ると「私よりももっと騒いでいる人たちを見た。しっかりしようと振る舞った。でも夜になると怖い。避難所を探して避難したがすごい光景だった。忘れられない。」学校に行くと、とりあえず1週間は休みと言われ、苦労して実家まで戻った。「Xから離れるにつれて別世界のようで、何もかもガラス越しの世界のようだった。」実家で教え子Z君の死を知って、「まさか」とショックを受け、急いでXに戻り、生徒たちの家を一軒一軒無事かどうか回った。やっとZ君のお母さんに会えた時、一緒に安置所に並んだたくさんの遺体を見た。そして、その中に並んだZ君の遺体に会った。「会ってやってほしいと言われて。遺体はまったく分からない姿で、赤や紫の色になっていた。息が止まるほどショックだった。お母さんの前でショックをこらえるのに必死だった。」

その後、しばらく避難所になっていた勤務先の学校の事務仕事をしてい

た。自宅には怖くていられず、隣県の親戚宅から通っていた。誰かといれば安心だった。とにかく毎日学校に通い、仕事を続けていたが、次第に身体が重くなり、避難所の精神科医の診察で休職を勧められた。「でも、そう言われても、子どもたちもみんな頑張ってるのに、とても休めないと思って続けていた。震災のこと、話したほうがいいんですか？　初めてあの時のこと話した」〈話してみてどうですか？　無理して話すことはない。話したいことを話すのがいいと〉「ふうん、そうですか……。」こうして初回は終わった。生々しい震災の話を聞き筆者は心が沈み込む感じだった。

②分岐：人との違いを意識する（＃２－＃４　毎週面接）

　＃２では、前回震災時の話をした後の気持ちの揺れを確認した。「話して少し気持ちがすっきりした。何かモヤモヤしているものや、落ち着かない感じが。思い出すことは少なくなっているけど、話せばはっきりと目に浮かぶ。先週は話しながら、ああ、そうだったなあと思い出し、そして少し楽になった。……震災のことは特に誰にも話してなかった。目に浮かんでも、話すことは考えてなかった。親にも話してない。」被災した人同士でも詳しくは話していないとのことだった。怪我をしたり、家族を亡くした人も多い中で、自分の被災体験は話しづらく、話す機会もなく、話さないままの人も多かったようだった。「初めてだったんですよね、話したの」と笑っている。

　学校から、復職するなら書類提出を、と電話があり、思わず「辞めます」と答えたという。その後すぐに退職手続きの書類が送られてきたが、その書類に「自己都合」と書かれていたことに憤慨している。「どう思います？　勝手に書き込まないでほしい。少しは震災のことも書きたいんですけど。私の場合、何があったんでしょう。」どのように書いたらよいのか、震災での大変さを理解してもらえるよううまく伝える言葉がないこと、自分でも自分がどうなのか分からないことなどが話された。「校長や他の先生たちや子ども、保護者もみんな頑張っているのに。私だけ逃げてきたみたいで苦しい。」「私の身体が弱いから？　弱い人間だということ？　大丈夫だって反発もあるし。まあ、私の身体の都合でもありますが、震災の

ことも関係しますよね？」〈ええ、もちろんそうだと〉「なんで私はだめなんでしょうね……」と続けられないことが悔しく、気持ちの整理がつかないようである。そして辞めると決めたら所属が無く、不安で孤独だという。「なんか悲しい。」

その後もなかなか気持ちの整理がつかなかったが、「先生を辞められなかった私に震災が辞める機会をプレゼントしてくれたんだ」とある人に言われ「ホッとした。一人だけ辞めてしまっていいのかと責めていたけど」辞めてもよいと思えたようだった。同じ頃、付き合っている男性との話が進み、真剣に結婚を考え始めている。

養護学校で働いていた時の話や自分についての話も出た。養護学校は「いろんな生き方、価値観があるんだと改めて。生徒とも楽しかった。」また、自分の意見がはっきりしている方だと思っていたのに、意外にもまわりを気にしている自分に気づいた。

【夢2】マンションに家族と住んでいて、一緒にガラス張りのエレベーターで下に降りていると地震にあう。外は揺れているのにエレベーターは揺れない。ガラス越しに外を見ると、道路に水があふれ車が浮いている。水は入ってこないし、怖くない。⇒「震度5の地震がこの前あったけど、結構大丈夫なんだ、へーと思ってたから見たのかな。恐怖が薄れてきたのかな」という半面、図書館の中で急に身体が重くなり驚く。外に出るとおさまったが、「地震？」と身構えていることに気づいたという。震災の体験が今蘇り始めているのだろう。面接では震災の話は出ていない。「学校を辞めようと思う夢」（夢3）、「気持ちよく自転車で走りたいのにペダルが重く走れない夢」（夢4）、「辞めたことを責められるが年配男性が弁解してくれる夢」（夢5）が話された。

【夢6】母のような人形が座布団に座っている。「今、不倫をしているの」と苦しそうに言う。まわりにいる人たちがその人形を罵るような感じ。⇒「物悲しい感じの人形。なんだか足が萎えたようになっていて、手もダラーンとして何かにもたれているような変な姿勢。母は不倫とは無縁な人。」

「こちらにいると被災者で、自分だけ逃げているとつらい。かといってXに行くと何もできなかった自分が蘇って、自分を責める感じや重苦しさ

がある。」

③一人の始まり：違う道を進む（#5－#6　毎週面接）
　実家のそばで一人暮らしを始めた。退職手続きと荷物の引き揚げのためXの自宅へ。「初めのうちは帰ることが嬉しかったのに、だんだん不安になってきた。」
【夢8】地震が来ると言っているので、親戚（隣県）に避難させて下さいと頼んでいる。
【夢9】（「帰れる」と嬉しかった時に）風呂屋に行って着替えがなくて、バスタオル一枚で外を歩く。生徒に会うが、普通に挨拶している。⇒「いい夢を見たと嬉しかったのに、この数日は学校辞めなければよかったという夢ばかり見る。自分だけ東京に逃げたという思いが消えない。」〈震災後すぐ仕事。よく通ってましたね〉「ええ。先生もいろいろ。自宅がつぶれたのに学校に泊まり込んで仕事していた人も。」「授業が再開してすぐは生徒たちも皆『生きててよかった』と喜び合った。それが次第にボーッとしている生徒が増えて。大変な経験をした子がいろいろ……、気になっても何もしてやれなかった。みんな頑張ってるのに私だけ。……Xに行けば会うし……。」Xを訪問。「彼が一緒だったのでだるい感じはなかった。校長にだけ挨拶するつもりが、先生やクラスの生徒と握手することに。皆優しい言葉をかけてくれたけど……。」
【夢10】代理の先生が授業しているが、その合間に挨拶をする。さよなら、と私が言い、皆は見送ろうとしてくれるが、一人の女子生徒が「必要ない！」ときっぱり。⇒「その通りだ。言われてちょっとすっきりした感じ。地震の後も、夢中で生徒たちに『みんな頑張ろう』と言っていた私が……、でもできないんだからこれでいいんだと。」
【夢11】学校で地震にあう。床が斜めになって、他の先生たちは上のほうにいるのに自分だけ落ちていく。皆知らん顔をしている。「怖いー、耐えられないー」と言いながら、誰も助けてはくれないと分かっている。⇒「怖かった。なぜ私だけ？」きっぱりと女の子に言われ、見送られたり優しい言葉をかけられるよりもすっきりしたようだ。学校訪問を終えて一区

切りがつく。

④彷徨：生と死の境（♯7－♯9　毎週面接。震災後1年目の頃）

　正式に退職した。「仕事してないとお金もなくて不自由。嫌ですね。役に立たない人間みたい。」面接では震災後の頃の話が多くなる。「夜の町をうろうろ歩く夢」（夢12）や「歩いていて人に仕事ありませんかと聞き、ないよと言われる夢」（夢13）を見る。「彼との結婚も真剣に。逃げかなとも。ぐちゃぐちゃにかき回したみたいな光景を見たので一人で生活するのはまだ怖い。Z君の死を思い出す（涙）。思ってた以上にその子の死は重たいみたい。あの子のぶんも頑張ろうと皆に言っていたのに」「生徒の死に罪の意識がある。お母さんの涙。亡くなった顔。……今も浮かぶ。でも……、私のせいじゃないし、その子の命なのですよね。」〈ええ……。〉「（涙）……亡くなるときっていろいろですね。」〈ええ……。〉「生徒たちのことを思うと、そっちで頑張ってね。私もこっちで頑張るからとようやく。体調も大丈夫。」生と死を分けた運命や生徒の遺体に感じた感情を思い出し、命に畏怖しているようだ。

　「彼と結婚することに決めた。体調もよくなっている。来年は仕事も」と先に進もうとしている。彼女らしい動きなのだろう。

　「震災後1年目の日、怖かったけど大丈夫だった。両親にあの時のことを初めて話した。壊れた家から避難所に行ったこと、親戚宅から毎日通ったこと。崩れた街の中を長い時間歩いて通ったこと。当たり前と思って通っていたけど大変だった。授業再開までは、ただだだ事務をやり続け、再開すると『はい授業』。そうしているうちに自分でも分からなくなっていった。」「結婚のことでいろいろカチンとくる。結婚って大変ですね。彼はそんな私に閉口しつつ理解してくれている。」「ここに来るのは半信半疑だったけどよかった。まだこれからのことが不安だけど。」間隔を月1回にする。

⑤死との接近：結婚（♯10－♯12　月1回面接）

　「結婚式決まりました。両親とも結婚に急に口出ししてきてうるさい。

仕事は反対していたのに、震災の後、実家に帰ったら早く復職しろと。でも結婚ならいいのかと思うと……。結婚って養われる感じで嫌ですね。女だからとぶつかる私がいけないのかな。」「結納で『娘をいただく』という言葉に私が引っかかったら彼は言い方を変えてくれた。でも、私はなんでも引っかかってうるさいと両親は言う。反発したり引っかかるのは私が悪いんでしょうか。結婚してますか？　嫌じゃありません？　もらうとか。」〈引っかかるのは大事な気持ちなんだと思う〉「なんだか、いつも女だからとか先生だからとか押しつけられる。」〈それにはまりたくない〉「嫌なものは嫌だし、それを理解してくれるので彼はいい。」「強盗が来るので家から逃げて男性に撃たれる夢」（夢15）、「捕まった殺し屋が彼だったが、二人の気持ちは変わらない夢」（夢16）。

「殺し屋が彼だったので驚いた。大丈夫でしょうか、あの人」と心配そうだが、筆者は結婚前の女性らしい夢だと思った。

【夢17】彼とバスに乗っていると橋が壊れていて、バスの中にも水が入ってきて胸までつかってしまう。外を見るとカヌーをかついで腰布をしたたくましい女性が歩いて川の上の板を渡っている。なんだ浅いんだなと。私たちもバスを降りて板を歩くが、胸まで水につかる。道の向こうにトンネルがあってその入り口で大学時代の恩師に会い、「結婚します」と話す。
⇒「水は怖くなかった。たくましい健康な身体、いいなと。」「殺されるとか、死ぬとかの夢ってなんでしょう？」被災、退職、そして結婚へと目まぐるしく動いている現実と同様に、夢の中でも大きな変化を体験している。「結婚、これでいいのかと。慣習に従うってなんだろうと。結婚すれば全部OKなんでしょうか？」〈むずかしいね。〉Aさんなりのこだわりがあるようだ。そうしている時期に、一つの出来事が重なった。「変な感じで。仲良くしていた女性の先生が震災の文集を送ってくれた。生徒の生の言葉。それを読んだせいか胃がムカムカしてきて疲れてだるい。その後Xに結婚の打ち合わせに行って一人でぶらぶら街を歩いていたら、変な感じになってきて……。」街に残るひび割れがあって盛り上がっていた道や、更地を見ているうちに変な感じになったと言う。「友人と二人になるとおさまったが、帰りの電車でだるくなって熱。文集とも関係？」〈文集読んだ時？〉

「あの頃の生徒のことを思い出した。当時は自分のことで精一杯で見えなかったことが蘇ってきた。そう思ってたんだとつながる……。胸が痛い。地震のこと拒絶している感じだったけど、今は嫌ということだけではなく、当時のいろいろな感覚を思い出した。」

【夢19】知り合いの養護学校の男性教師が自転車で薬を売っている。白い粉。これを飲んだら死ぬ、と言われるが、それを受け取って飲もうとしている。

【夢20】足首が外れてしまう。足首から先はぺしゃんこになって布のよう。脚は人形のように丸くて、手に持った足首をくっつけようとするが、くっつかず手術をするかどうか迷っている。⇒「気持ち悪い」「もう少し来ます。」

⑥針を抜く夢と皮膚を脱ぐ夢：終結（#13－#14　月1回面接）
　彼の勤務地はX付近であり、X近くに新居を決めたと言う。「結婚のために楽しみにしていた（彼との）買い物の時に、いつの間にか母の言葉が気になっている自分にイライラする。彼ともぶつかる。何を買いたいの？と聞かれて自分でもイライラ。」

【夢22】針（8㎝くらい）が両腕にいっぱい入っている。両腕に埋め込まれていく映像が浮かぶ。スーッと入って痛くない。すると鈍痛がしてきて取り出さないといけないらしい。でも、取り出そうとするととても痛い。脂肪がとれるみたいな感じで取れる。少し取って痛いのでやめるが、腕全体がいっぱい赤黒く腫れてしまう。でも、また取ろうとしている。⇒「すごく気持ち悪い。映像では母が刺していたような……。なに？」

【夢23】皮膚を脱ぐ。自分の脱いだ半透明の皮膚が脱衣カゴに丸めて入れてあるが、脱いだ皮膚に赤いプチプチがある。私は出かけようとしながら、帰ったらそれを直さないといけないなと思っている。⇒「気持ち悪くない。あれを直そうと思っている。」

　最終回は結婚式の1週間前。「全然ピンときませんが、こんなもんですかね。なんで女だけ嫁ぐとか家を出るとかあるのかと思いますが、結婚しても親は親、私は私だし。ですよね。」

【夢24】ハムスターやウサギが庭にいっぱいいる。でも世話をされていないので死にかけている。死んでいるものもいる。それを分ける。⇒「死体をそっと集めて隅におき、まだ生きているものを何とかしようとしていた。」

【夢26】生徒に教えている。学校講師になっている。

【夢27】ベッドにいる私の娘（6歳・3歳位）二人を母方祖母が世話している。

【夢28】暗い部屋で祖母に電話で話。「皆集まっている。母には言わないでね」と。⇒「祖母（母方）は大好き。ビーズや裁縫を教えてくれた。母は何もしない人だが、子どもの頃、祖母が手作りの服を作ってくれた。結納の着物も母のものを祖母が染め直してくれた。結婚の儀式の時、祖母が仕立て直した祖母の着物を着るんです。」

体調は問題ない様子。新居の家具などは、住みながら彼と一緒に少しずつそろえることにしたとのこと。「夢をいっぱい話して、怖い夢も気持ち悪い夢も、違う感じで受け取れるんだ、面白いと思った」と感想を伝えてくれ終結。

4　考察

(1)　反発

大きな震災に遭遇し「死ぬかもしれない」と感じたAさんは、実際に身近な生徒の遺体と対面しショックを受け、生徒の死と距離がとれないまま、目の前で生きている生徒たちにも目を向けられない状態となり、休職する。

震災に会うまでのAさんは、お嬢さんのままで夫の言いなりである母親に反発し、女性の意志を認めない父親にも反発し教師となったのだが、慣習・常識や規範に対して異議を唱え「反発する」ことが意志であると考え

ていた。しかしその生き方が生きにくさを生んでいたことは、震災前にすでに身体症状の治療を受けていたことから窺われる。Ａさんは集合的な考えに反発するという形で集合的な考えに縛られていたとも言えよう。意志は、「人と違う」自分を主張するという negative な形式で表されていたに過ぎず、本来、内から発現する意志とは異なっていた。震災後は、社会の一員である教師としてとどまれず居場所を失う。教師を辞めることに「反発」としての意味は見出せず、葛藤する。そのときに彼女は心の理（河合隼雄）に揺さぶられ（夢１）、目覚めたのである。

(2) 夢に表れた自分の姿

夢１の後、改めて自分が「死にたくない」と思ったことを思い出す。退職についての葛藤を抱えながら、自由に行動できずに周囲を気にしている人間であることに気づく。夢６の「不倫」とは世間の常識に背くことでもあり、夫に従順な妻にとっては最も「反発」を示す行為である。しかしその「反発」は、生きる力のもとになるどころか、手足を萎えさせ生気を奪っている。Ａさん自身が親や集合的な考えに対して向け続けてきた「反発」は、実は自立することのできない状態をつくり出していることを見せているかのようだ。これこそ、Ａさんが反発しながら縛られている姿を映し出している。この時期は、久しぶりに家族と一緒に暮らして家族との関係を改めて体験し、被災していない家族と被災した自分という違いを意識している。これは"同じであるから反発する"ような、自分が引く境界線ではなく、否応なく引かれた境界線で、取り去ることはできない。また、この時期にようやく震災による怖さを実感している。

やがてＡさんは実家から出て、夢８では自分から人に働きかける。そして夢９では、教師というペルソナを失った自分の姿なのか、裸で平気で歩いている。あるいは、これまでの彼女がそんな無邪気な姿であったとも受け取れる。その後、学校に挨拶に行くが、現実よりも手厳しい真実を夢10・11によって突きつけられる。すでに学校に彼女の居場所はない。自分が立っていたはずの場所には違う人が立ち、見送られる必要のない人間だ

と生徒に言われ、これでよいと思うAさん。自分だけ落ち、誰も助けてくれないことを分かっている。反発して離れたのではなく、否応なく離れたのだ。この頃ようやく辛い経験をした生徒たちの姿を思い出し始め、現実に目の前で苦しんでいる生徒が目に入らず、耐えられなくなってしまった自分を振り返り、教師としての自分が本来向かうべきものが何であったかに気づく。実際には優しく見送ってくれた生徒たちの、夢における「見送る必要などない」という言葉は、彼女自身が自分には「先生としての資格などなかった」と感じたことから生まれた言葉でもあったのかもしれない。こうして生と死、被災者と被災していない者、教師と教師を辞めた者など引かれた境界線によって分けられることを実感した。

(3) 命と身体への気づき

　退職の挨拶を経てAさんは一人になり、彷徨する。その頃、生徒の死についての語りが変化した。生と死を分ける運命という境界線が人智を超えた力によって引かれ、分けられることを実感した。筆者も初め、Aさんの震災体験との間に引いていた境界線に戸惑っていたことを思い、その境界線が消えたように感じた。共に運命や命に畏怖を感じたからかもしれない。
　そして結婚を決め、Aさんの慣習への反発心が動き出すが、彼は閉口しつつも理解し、許容できる範囲を広げて応じてくれる。彼とともに歩きだし（夢17）、健康さとは川を渡る板の上をしっかりと歩くようなことだと夢は見せてくれる。高校時代の女性教師に憧れたエピソードが思い浮かぶが、憧れていたのは「教師」というペルソナではなく「たくましい健康さ」だったのではないだろうか。健康さを意識したAさんの身体は、中に押し込めていた被災体験を思い出し、熱を出す。生きている生徒たちへの思いがつながり、自分が何も見えておらず、それほどにも耐えられなかった自分を震災体験とともに受け入れたようだ。
　夢19では死を選び、夢20ではぺしゃんこの足首が外れる。筆者は夢6の人形の足を連想した。自立して生きていると思っていた自分の足が実はぺしゃんこで外れていることに象徴されるように、自分の姿は実は違ってい

ると知らされる。反発して押し通したり戦ったりするのではなく、一つずつ彼と共同して問題に取り組む結婚準備は、Ａさんの視点を新たに広げていった。

(4) 針を抜き、皮膚を脱ぐ

　全14回、9か月あまりで終結が訪れた。Ａさんが最後に成し遂げたことは何であろう。かつて母によって刺されたたくさんの針を両腕に発見したＡさんは、痛みを実感しつつも抜く（夢22）。彼女の足は外れ、腕には針が刺さっていた。足は自分では元に戻せなかったが、腕に関しては、自ら針を抜いて治そうとする。幼い頃から針となって埋め込まれてしまった言葉や経験を抜く作業が心理療法だということなのだろうか。痛み、腫れてもなお抜こうとするＡさんの姿は、自分の足で歩こうとバスから出る勇気を得たことや、白い粉を飲む行為を経て現れたものである。ここで、針を抜くことによってＡさんは、行為するものとしての「腕」を回復し、さらに「針」を獲得したのではないだろうか。そして夢23では針を抜いた痕のような赤いプチプチのついた皮膚を脱いで出かける。夢24では、死んだものとまだ生きているものを大切に分け、生きている命に向き合う。引かれてしまった境界線を受け入れ、生に向き合えるようになったのだろう。こうして彼女は講師の資格を得る（夢26）までに成長した。このように、夢22と夢23で針を抜いて皮膚を脱ぎ、外へと出かけることが重要な展開を生んでいると筆者は考える。裸で外を歩く（夢9）のではなく、皮膚を脱いで出ていく必要があったことは興味深い。

　さらに、夢に祖母、母、自分、娘が登場し（夢27・28）、実際にＡさんは結婚の儀式で女系（母方祖母・母親）の繋がりを受け入れる。女だけができる儀式のこと、祖母が染め直した母の着物、祖母が仕立て直した祖母の着物を着ることを少し誇らしげに語っていた。自分自身の未熟な女性性を育ててくれる祖母という存在の登場は、母という存在を超えた太母との繋がりを連想させる。

　蛇婿入苧環型の母は、異類を殺し新しい命を生み出さない共同体の普遍

的意識であり守りでもあろう。一方、姥皮型では大地や水など命を生み出すものとの関係が阻害された干ばつという状態から、自然と個人との関係が生じ、共同体からの離脱、個の成立へと展開する。新しい命が生まれない共同体は異類との繋がりが必要となり、「供犠」という存在が差し出される。その供犠は、運命に従いつつも自らの意志で針を使って異類を殺し、共同体から離脱することによって、結婚・変容へと導かれる。供犠として死ぬ共同体への回帰ではなく、供犠でありながら異類を殺し、姥皮を被って一人で生き続ける方向性が、共同体からの分離と個としての誕生を促すのだ。すなわち母の針ではなく自らの針を手にして異類を殺し、家を出た後、名前をなくし一針一針縫うような女性的な作業に従事する籠もるプロセスが必要なのである。それは供犠という存在が共同体から排除され、かつ内面化される過程を孕み、「再認されつつ否認されねばならない」（赤坂, 2002；260頁）存在であることと同様である。

　Aさんが母から埋め込まれていた針は、彼女自身が行為者となることを阻害するような母の針であり、反発しつつも結局は家から出られず、手足が萎えたままの状態を生んでいた。そのAさんが震災により、心を内から揺さぶられ、自らの死を意識し怖がっている自分に気づいたこと、生徒の遺体と直面し死を受け入れられないまま、生にも向き合えない自分の姿、混乱して意志の力を保てないことなどを実感した。そこで、母が刺した針に気づき、取り出す。それは、普遍的意識にとらわれていた自分でもあり、普遍的意識により殺されていた蛇としての自分でもあり、その針は埋め込まれてしまうことによって、個としての成立を促しうる力を失っていたのだろう。抜く行為（夢22）により針は力を吹き返し、苧環型の母の針から、水乞型の娘の（嫁入り道具の）針になった。その針の力を持って古い皮膚を脱ぎ、新しい皮膚で外に出る。実際に、Aさんは反発する自分の意見を聴いてもらう相手を得て、共同体への意識的な参加（結婚）へと進む。新たな共同体への参入は、自らに埋め込まれていた針を抜き、自らが針を手にすることによって始まった。同時にAさんの夢では、母ではなく太母との繋がりが顕れる。無意識との関係を欠落してしまった意識のあり方が修復され、自己は成熟の方向を示す。

「針を抜く夢」は、他の事例でも報告された体験が筆者にはある。現代では、個人の意志が尊重されて育てられているようでありながら、実は母の針で自らの内なる異類が殺されてしまったまま供犠として生き、傷を負った皮膚を被って彷徨、あるいは家に留まっている心理状態があるのではないだろうか。親子関係が密着し、反抗期が少なくなったと言われる現代社会において、いつの間にか埋め込まれた針に気づき、力を自らの手に取り戻す作業は重要な心の作業であろう。埋め込まれた針を抜き、獲得してこそ、次なるイニシエーションが迎えられる。芋環型の状態のまま混乱した関係に投げ出された人の、個としての意識の成立を促すイニシエーションは、痛みを伴いつつ自らが針を抜く形をとって象徴的に始まるのではないだろうか。

5　おわりに

　大震災は、平穏な日常を破壊し、何もかもをはぎ取るような残酷な体験を強いる。この女性の背景にはそのような大きな力があったのではないかと思う。強烈な力を体験した人が夢を語ることによって急速にイニシエートされる。かつて昔話が創られた時代とは異なるにせよ、針との関係は現代的な在り様と深く関係し、大きな力との関係を模索する過程で顕在化するのではないだろうか。本論文では針との関係を一人の女性の事例として考察したが、われわれ現代人にとっても重要な意義をもつ関係でありテーマであると考えている。

> 謝辞：本論文は、日本ユング心理学会第2回大会における発表をまとめたものです。示唆深いコメントをいただきました指定討論者の岩宮恵子先生に深謝申し上げます。またフロアの河合俊雄先生、斎藤清二先生、昔話に関してご助言頂きました神話学の古川のり子先生にも感謝申し上げます。そして発表のご許

可を下さいましたAさんに心より感謝申し上げます。幸せをお祈りしています。

文　献

赤坂憲雄（2002）：境界の発生．講談社．
河合隼雄（2002）：昔話と日本人の心．岩波書店．
織田尚生（1993）：昔話と夢分析——自分を生きる女性たち．創元社．
関敬吾（1978）：日本昔話大成2．角川書店．
山口素子（2009）：山姥、山を降りる——現代に棲まう昔話．新曜社．

● 要約

　社会を震撼させるような大災害は、社会にあり方を問うとともに、平穏な日常を破壊し、何もかもをはぎ取るような残酷な体験を個人に強いて生き方を変えるよう迫る。ここで紹介する事例は被災により混乱し、命の重さに圧倒され、自らの生き方を問い直さねばならなくなった一人の女性である。それは、強烈な力を体験した人が夢を語ることによって急速にイニシエートされた過程である。本論文は報告された夢を中心にその心理療法過程を提示し、特に自分の腕から「針を抜く」夢を「蛇婿入」の視点から検討し、「針」を自分で抜く行為の現代的意義について考察した。「針を抜く夢」は、他の事例でも報告された体験が筆者にはあるが、かつて昔話が創られた時代とは異なるにせよ、針との関係は現代的な在り様と深く関連し、大きな力との関係において個として成立する過程で顕在化するのだろう。本論文では針との関係を一人の女性の事例として考察したが、われわれ現代人にとっても重要な意義をもつテーマであり、関係であると考えている。

　　キーワード：夢分析、震災体験、蛇婿入

A Study about a Dream of Pulling out Needles from One's Own Arms: Separation from Community and Establishment of Individual

MAEKAWA, Miyuki

Toyo Eiwa University

　Tremendous disasters suddenly break people's peaceful daily life. The people are individually forced to change their way of life, while questions are raised about how the society should be. This paper introduced a case of a woman who suffered from a great earthquake and then forced to think about how to live a life. There was a process of promptly initiating the woman who had witnessed nature's awesome power by allowing her to tell dreams she had. The paper presents a psychotherapeutic process, especially based on analysis of her dream of pulling out needles from her own arms relative to a Japanese old folklore "Hebimukoiri." The author tried to find a contemporary and symbolic significance in one's action of pulling out needles. The needles are supposed to appear in the dream when an individual has been established as a result of confronting nature's awesome power. The relationship between the needles and the establishment of individual still holds today and is therefore considered to be a significant theme for people today.

Key Words: dream analysis, suffering from an earthquake, Japanese folklore "Hebimukoiri"

研究論文
宮沢賢治三作品の心理学的理解の試み
転回に着目して

奥 田 智 香 子

渡辺カウンセリングルーム

1　はじめに

　宮沢賢治（1896-1933）の執筆の特徴を、入沢（1986）は「心象スケッチ」と「はなはだしい推敲」（723頁）であると指摘している。心象スケッチとは、こころの中に去来する様々な思念・イメージをその場で書き留める作業を指し、実際賢治は首からメモとペンをぶら下げて歩きつつ猛烈なスピードで言葉によるスケッチをしていたことが伝えられている。また賢治にとって推敲とは、普通に考えられるような言葉を整えるといったものではなく、いったん書き上げられた形に対して始めから終わりまで手を入れて新しい形を成立させ、またしばらくすると同様に手を入れてゆくという、次々と層を重ねるような作業である。賢治の作品は、生前日の目を見ることはなく、執筆は賢治の生業になり得なかった。にもかかわらず、執筆と推敲作業は死の間際まで続けられた。こうした執拗さからは、賢治にとって執筆は何らかの内的必要性に駆られて行っていた作業ではないかと考えられる。どのような内的必要性があり、その過程はどのようなものであったのだろうか。
　本論では、賢治の作品にしばしば見られる特徴的な動きである転回に着目する。転回とは、主人公がある目的に向かって歩みを進めるが、目的を達することなく引き返す動きである。転回することは、結果のみを見れば、

目的を達することが出来なかった挫折と捉えられるが、過程を見れば、目的に向かって歩むうちに、目的とは違う何らかのものが生じ、主人公の心の揺れや分裂、葛藤が起こらなければ生じない動きでもある。転回の様子を追うことによって主人公の心理的過程が読みとれるのではないだろうか。賢治の代表作のなかで、転回が顕著に見られる『小岩井農場』（1922）（以後作品成立年を（　）内に示す）と『オホーツク挽歌』（1923）群、『銀河鉄道の夜』（1924～）を取り上げ、作品内で転回がどのように生じ、作品ごとでどう変化したのかを追うことを通じて、賢治の内的過程への心理学的理解を試みたい。

2　三作品における転回の概要

(1) 『小岩井農場』における転回

①転回前：黒い男の出現と分裂

　『小岩井農場』は、賢治が小岩井駅から柳沢（地名）に行くことを目指して歩行している間にこころに去来するものの「心象スケッチ」である。パート１からパート９に分かれており、転回はパート５、６で起こり、賢治は柳沢に行くことを断念して小岩井駅へと引き返す。

　この転回に関与するものとして、天沢（1993）、見田（1984）は、「雨」と「黒い男」を挙げている。本論では特に「黒い男」に注目する。転回前のパート１～４は、賢治が外界を伸びやかに歌い上げている箇所が大部分を占め、これが当初賢治の意図した心象スケッチの姿であろう。しかし「黒いながいオーヴァを着た男」が現れ「たびたびこつちをみてゐるやうだ」（宮沢賢治全集第１巻;76頁）と視線を意識することを契機として、過去の記憶など意識が内に向かう部分が挿入されるようになり、歩行を進めるうちにこの両者の分裂が起こる。自分に視線を向けて脅かすものは、

『小岩井農場』以前の賢治の初期作品に、例えば「黒いものが私のうしろにつと立ったり又すうと行ったりします」（『復活の前』(1918)）、「なぜさうこっちをにらむのだ、うしろから。なにも悪いことしないぢゃないか」（『沼森』(1920)）など、たびたび現れる賢治にとって重要な意味をもつイメージである。しかし初期作品では、それは背後に現れる黒いものという未分化なものであるのに対して、『小岩井農場』では、道の向こうに現れる「黒い男」というまとまった像を成している。『小岩井農場』で黒い男に出会った時、賢治は黒い男から言葉を投げつけられないかと、その存在を非常に意識しはじめる（全集第1巻;76頁）。その後、「黒い男」が姿を消すと、賢治は「少しさびしい」（全集第1巻;548頁）と述べ、人気のない自然の中を歩行しつつ「誰も私の心もちを見て呉れなくても／私は一人で生きて行くぞ／こんなわがまゝな魂をだれだって／なぐさめることができるもんか」（全集第1巻;549頁）と強がる。黒い男の視線によって脅かされるが、視線を向けるものがないと寂しく心もとなく感じる両価的な態度を示している。

②転回：共同体との調和への思慕

　転回が起こるパート5と6は、心象スケッチの元原稿に対する推敲後、内容が削除され、タイトルのみが残された空白となっている。幸い推敲前の原稿より内容を知ることができる。賢治は同僚・堀籠さんに思いを馳せている。「堀籠さんは温和しい人なんだ。／あのまっすぐないゝ魂を／おれは始終おどしてばかり居る。／烈しい白びかりのやうなものを／どしゃどしゃ投げつけてばかり居る／こっちにそんな考はない／まるっきり反対なんだが／いつでも結局さう云ふことになる／私がよくしようと思うこと／それがみんなあの人には／辛いことになってゐるらしい」（全集第1巻;560頁）と、親密な関係を望んでいるにもかかわらず、烈しいものを向けて親密さを破壊し孤独に陥ってしまう、自分への忸怩たる思いを吐露している。賢治はこの後、「（堀籠さんは）今日は日直で学校に居る。／早く帰って会いたい」（全集第1巻;560頁）と、今引き返せば堀籠さんに会ってみんなで笑ってチョコレートを食べられるが、このまま柳沢へ行く当初の

詩的歩行の目的を達すれば一人寂しく眠ることになると思い迷っている。その後雨が降り始め、濡れた賢治は道を引き返した。つまり共同体との調和的な関係に戻ることを選んだのだ。しかしそれによって「私はどうしてこんなに下等になってしまったらう／透明なもの燃えるもの／息たえだえに気圏のはてを／祈ってのぼって行くものは／いま私から影を潜め」（全集第1巻;565頁）と述べるように、当初の詩的目的に挫折した自身の姿も顕わになっている。

③転回後：幻想的出会い

　パート7で、引き返す道の途上、賢治は農夫に出会い話しかけるが、なにか会話がぎこちない。それは、丘の上に立つ「黒い男」が急に鉄砲をこっちに向けることを農夫が怖れているからである、と賢治は思う。賢治の動きに呼応するように「黒い男」は銃を構えて往来し、賢治と男の間の繋がりがはっきりしてくる。表面上、会話は次第にスムーズになり、賢治は様々な人とうまくいっているように見える。しかし、転回した時に期待したような共同体との調和的関係に戻れたことを意味するのではなく、常に「黒い男」の銃口が向けられた中で脅かされているのが賢治の在りようであることが示されている。

　この後パート8は、内容はおろかタイトルさえ記述されず、われわれには推敲前の原稿がどのようであったのか追うこともできない。パート8が失われていることによって、パート9は前後のつながりを欠き、あたかも宙に浮いたような部分となっている。パート9は「幻想が向かふから迫ってくるときは／もう人間の壊れるときだ」（全集第1巻;97頁）と述べるように、賢治は時空間を超えた幻想の世界に飲み込まれたかのようである。柴山（2007）は、この箇所について、幻想への没入が生じて、自-他や部分-全体といった分極が曖昧になる特徴をもつ意識変容の状態ではないかと述べる。この世界で、「ユリアがわたくしの左を行く／大きな紺いろの瞳をりんと張って／ユリアがわたくしの左を行く／ペルペムがわたくしの右にゐる」（全集第1巻;97頁）と、賢治はユリアとペルペムという幻想的人物と出会い、共に歩く。「どうしてもどうしてもさびしくてたまらない

ときは／ひとはきつと斯ういふことになる／きみたちとけふあふことができたので／わたくしはこの巨きな旅のなかの一つづりから／血みどろになつて遁げなくてもいいのです」（全集第1巻；98頁）と述べられているように、共同体に調和的に包まれて在ることが不可能であることが露呈しつつあることの耐え難さゆえに、こうした分極の曖昧な幻想世界での一体感へ没入してしまったのであろう。一方で、こうした幻想に没入したからこそ「さまざまな目に見えまた見えない生物の種類がある／わたくしにはあんまり恐ろしいことだ／けれどもいくら恐ろしいといつても／それがほんたうならしかたない／さあはつきり眼をあいてたれにも見え／明確に物理学の法則にしたがふ／これらの実在の現象のなかから／あたらしくまつすぐに起て」（全集第1巻；101頁）と述べるように、幻想でありつつも、出会った対象を実在のものとして見るという賢治の独自性が発露したとも言えよう。

(2) 『オホーツク挽歌』群における転回

① 『青森挽歌』（1923年8月1日）と『宗谷挽歌』（1923年8月2日）

1922年11月、賢治の妹・とし子が亡くなった。父が熱心に信仰する浄土真宗ではなく、法華経を信仰する賢治にとって、妹は信仰を共にする唯一の同志であり、創作活動においても作品を語り聞かせて反応を得られる相手であった。妹の死後、それまで旺盛であった創作がパタリと止む。翌年賢治が妹からの通信を求めて、岩手から北へ向かい、樺太にて通信を断念し戻ってくる旅の「心象スケッチ」が『オホーツク挽歌』群である。その詩群第一編である『青森挽歌』は青森へ向かう列車内での賢治の心情を歌っている。はじめ、妹の死について考えることに抵抗するが、死についての想念が意識に挿入され、考えざるを得なくなる。賢治と妹が信仰する法華経の極楽浄土で妹は安らかにしていると納得しようとするが、唯物論者に代表される考えも浮かび引き裂かれ、宗教的幻想によっても唯物論的知識によっても妹の死を追求しきれず、賢治は次第に「あたらしくぎくつとしなければならないほどの／あんまりひどいげんじつなのだ／感ずること

のあまり新鮮にすぎるとき／それをがいねん化することは／きちがひにならないために／生物体の一つの自衛作用だけれども／いつまでもまもつてばかりゐてはいけない」（全集第1巻；185頁）と、死という現実に身をさらしてゆく。

　第一編『青森挽歌』と第二編『オホーツク挽歌』の間に、詩集には掲載されなかった心象スケッチとして『宗谷挽歌』がある。賢治は稚内港から樺太へ向けて夜のオホーツク海を渡る船上にいる。ここで、『小岩井農場』で怖れた「男」と「雨」に賢治は再び出会っている。スケッチのため鉛筆を削っている賢治の横に男が立ち、賢治のこころは折れてしまうと同時に海の霧に首筋を濡らし、心象スケッチという詩的営為もやめ、自殺すら考える。しかしその後、「私を自殺者だと思ってゐるのか／私が自殺者でないことは／次の点からすぐわかる／第一自殺をするものが／霧の降るのをいやがって／青い巾など被ってゐるか／第二に自殺をするものが／二本も注意深く鉛筆を削り／そんなあやしんで近寄るものを／霧の中でしらしらわらってゐるか」と、生き続け、書き続ける自分を見通して迷いを払拭し、転回せず旅は続けられたのである。

②『オホーツク挽歌』（1923年8月4日）

　賢治は樺太のスタロドブスコエという浜に至り、『オホーツク挽歌』がスケッチされた。妹との通信を求めて北へ北へと向かい、この浜はギリヤーク族が住む異文化の地で交通的にも最果ての地へやって来て、なおも賢治は妹からの通信を求めている。賢治は浜でいったん眠りに落ちる。眠りから覚めた賢治は、海の向こうからやって来る鳥が知らせを持って来るのではと期待する。例えばイザナギのように、喪ったパートナーを追って生死の境界を越え異界へ到る話は神話で見られるモチーフであるが、賢治には何も起こらない[注1]。以前のような妹との調和的一体感は幻想でも夢の中でも得ることはできず、生と死の境界は越えがたいものであることに至る。ここで賢治は海の向こうへやって来た視線を浜の草花へ転回させ、その風景を的確に、鮮やかに描く。

　　「（ナモサダルマプフンダリカサスートラ）[注2]／五匹のちひさないそしぎが

/海の巻いてくるときは/よちよちはせて遁げ/（ナモサダルマフンダリカサスートラ）/浪がたひらにひくときは/砂の鏡のうへを/よちよちはせてでる」（全集第1巻;195頁）。目の前の風景を描き出す中に現れる、鏡のように平らな地というイメージは、賢治の他作品において時空間を超えた生き物たちが静かに行き来する空間を彷彿とさせる[注3]。『小岩井農場』では、転回後、幻想への没入の中でユリアとペルペムという時空間を超えたものたちと出会った。しかし『オホーツク挽歌』では幻想でも、死後の世界である浄土でもなく、目の前にある風景の中に平らな世界というある種超越的な世界を見いだしている点が興味深い。

(3) 『オホーツク挽歌』群以後

樺太への旅から戻り、賢治の創作活動が再開する。この時期、賢治は初期作品を推敲し新たに作品を作り上げていくのだが、その際、主人公が一人称から三人称へ変化することが多く、客観的な視点から物語が描かれている。内容面でも主人公の内省が目立ち、幻想的世界で出会った対象との間で、自分でもあり他者でもあるという矛盾に満ちた関係を維持しつつ、節度ある対話を行うなどの変化が見られ[注4]、福島（1985）は「初期の作品では自然に溶け込む素朴な態度が目立つが、中期の作品では自然の心象との交感の分析、幻想の生じる自分の精神のあり方そのものを凝視しようとする態度が見られる」[注5]（137頁）と指摘する。『小岩井農場』で宣言した幻想世界で出会う存在の実在性についての確信に基づきつつ、その実在との関係について内省を深めていったことが、次の『銀河鉄道の夜』に結実する。

(4) 『銀河鉄道の夜』における転回

①転回

『銀河鉄道の夜』は、主人公ジョバンニが、銀河鉄道の旅という生と死の中間のような幻想世界で、友人カムパネルラとどこまでも一緒に「ほんたうのさひわい」を追求しようと願うが、カムパネルラを失い、その衝撃

とともに転回し、現実に降り立つという筋の物語である。
　転回が生じる前、ジョバンニは乗客の一人である家庭教師の青年と「神様」について次のような対話をしている（全集第7巻;289頁）。青年「あなたの神さまってどんな神さまですか」ジョバンニ「ぼくほんたうはよく知りません、けれどもそんなんでなしにほんたうのたった一人の神さまです」青年「ほんたうの神さまはもちろんたった一人です」ジョバンニ「ああ、そんなんでなしにたったひとりのほんたうのほんたうの神さまです。」
　青年は共同体の皆と同じ神さまを信仰しており、彼にとって神さまとは、天上へ連れて行ってくれ、すでに亡くなった人々と出会わせてくれる人物である。しかしジョバンニは、「天上へなんか行かなくたっていゝぢゃないか。もっといゝとこへ行く切符を僕ら持っているんだ」（全集第7巻;497頁）と述べるように、天上の世界へ行くことを目的としていない。「ほんたうのさいはひ」（全集第7巻;292頁）を追求することに意味を見いだし、この追求のために「たったひとりの神さま」という超越的なものと独自の関係を築かねばならない。青年と乗客たちは十字架の立つサザンクロス駅で降りてゆき、ジョバンニとカムパネルラは汽車の中に残されて、寂しさが漂う。しかしジョバンニにはカムパネルラという「ほんたうのさいはひ」の追求を共にできる可能性をもつパートナーがいる。しかしこの後、カムパネルラは「あ、あすこ石炭袋だよ。そらの孔だよ」と指差し、「ジョバンニはそっちを見てまるでぎくっとしてしまひました。天の川の一とこに大きなまっくらな孔がどほんとあいてゐるのです。そのそこがどれほど深いかその奥に何があるのかいくら眼をこすってのぞいてもなんにも見えずただ眼がしんしんと痛むのでした」（全集第7巻;292頁）と、孔の暗さがジョバンニを襲う。その暗さを払拭するように「僕もうあんな大きな暗の中だってこはくない。きっとみんなのほんたうのさいはひをさがしに行く。どこまでもどこまでも僕たち一緒に進んで行かう」とジョバンニが理想を述べると、カムパネルラは「あゝきっと行くよ。あゝ、あすこの野原はなんてきれいだらう。みんな集まってるねえ。あすこがほんたうの天上なんだ。あっあすこにゐるのはぼくのお母さんだよ」と答える。カムパネルラが指差す天上の世界はジョバンニには見えず、カムパネルラとのズ

レが顕わになり、ジョバンニの頭はぼんやりしてしまう。振り返ってみると「そのいままでカムパネルラの座ってゐた席にもうカムパネルラの形は見えずただ黒いびろうどばかりひかってゐました」（全集第7巻；293頁）とカムパネルラの姿は消えていた。「ジョバンニはまるで鉄砲丸のやうに立ちあがりました。そして誰にも聞こえないやうに窓の外へからだを乗り出して力いっぱいはげしく胸をうって叫びそれからもう咽喉いっぱい泣きだしました。もうそこらが一えんにまっくらになったやうに思ひました」（全集第7巻；293頁）。この後ジョバンニは地上へ戻り、町へ駆け下りていく。以上のように転回は、宇宙に空いた真っ黒な石炭袋の孔とカムパネルラとのズレという断裂によって起こっている。

② 第1～3稿から第4稿への変化

『銀河鉄道の夜』は1924年頃第1稿が出来た後、推敲を経て大きく分けて第4稿（1931年）まで残っているが、1933年に賢治が生涯を終えるまで推敲され続けた未完の作品である。第3稿と第4稿の間に物語に大幅な変更が2点生じている。一つはブルカニロ博士の削除で、もう一つは物語の構造化である。

ブルカニロ博士とは、第1稿から第3稿でジョバンニに銀河鉄道の切符を渡したり、ジョバンニが母親を恋しく思って戻りたくなると、「もう帰りたくなったって。そんなにせかなくてもいい」と慰留するなど、あたかもジョバンニを旅へ誘導し、その旅を完遂させようとするような、外側から見守る役割を担う人物である。さらに、転回をもたらした断裂に際しジョバンニが泣いていると、先ほどまでカムパネルラのいた座席に「黒い大きな帽子」をかぶった博士が座り、これからジョバンニが果たすべき役割や世界の成り立ちを示して旅に理想的な意味を付与し、「いつでも私のとこへ相談においでなさい」と今後も教導する態度を示している。こうした見守り教導する保護者的性質を博士が担っていることに対応するように、ジョバンニは受動的な存在になっている。第4稿で博士の存在自体が物語にいっさい登場しなくなり、ジョバンニは一人で銀河の旅に出かけ、宇宙の孔やカムパネルラとの断裂に出会って戻ってくる者に変化しており、そ

の主体性が鮮明になっている。

　もう一つの変化である物語の構造化とは、第1稿から第3稿はほぼ銀河の旅の部分のみで成り立っているが、第4稿には銀河の旅の前後を描く章が追加されていることを指す。加えられた第1章「午后の授業」ではジョバンニは銀河の模型を見ながら、銀河がどのようなものか科学的説明を受け、第2章「活版所」と第3章「家」では生活の様子、家族や同い年の少年たちとの関係が描かれる。さらに銀河の旅の後、町へ降りてカムパネルラの溺死を知るくだりとともに町の人とのやりとりが描かれる。これにより幻想の旅がジョバンニの現実と繋がりをもち、共同体からの離脱、転回、帰還という物語の構造が明確になった。河合（1986;16頁）は、銀河の旅という異次元の世界へ出て行く前に、銀河というものが自然科学的にどう捉えられるか枠組みをきちっとつくることで、日本人に起こりやすい合理と非合理の変な融合が起きずにいることを指摘し、賢治が「合理的な現実把握をできたという点がファンタジーの作品をあんなにすばらしく作ることが出来た要素の一つ」と評価している。こうした幻想の旅を支える合理的側面は第4稿で現れた変化であり、ブルカニロ博士の存在と引き換えに生じている。

3　考察

(1)　イニシエーション

　始めの問いに戻る。賢治が心象スケッチと推敲を通じて体験した内的過程とはどのようなものであったのだろうか。上記三作品の転回部に注目して見えてきたことを踏まえて、イニシエーションという視点から理解を深めたい。イニシエーションとは、古代伝統的社会における、共同体に所属する人間の宗教的社会的地位を決定的に変更する目的で行われる儀礼と口

頭教育群である。イニシエートされる者は、教導者から共同体の掟や階級体系といった行動の型を教えられると同時に、共同体始まりの時に超越者との間で樹立された神秘的関係や世界観を啓示されるという（Eliade, 1952/1971）。われわれは、イニシエーションが若者に超越が顕現する、すなわち異界や神的なものが息づく幻想的な世界へ開かれることを通じて行われると考えがちであるが、Giegerich（2012）は、それは違い、イニシエーションの目的は若者のこころを経験的現実に開き、根づかせることであるという。子どもは超越的なものに開かれた世界に生まれ落ちるのであり、心理学的には現実とファンタジーが切れ目なく移行する無垢の中に自由に漂うように生きている。子どもの見境のない開放性・感受性に反し、イニシエーションは自分に関係のない開けに終わりをもたらし、若者を自分のたった一つの特別な体験に結びつけ、アイデンティティを確固たるものにする。論理的なレベルで、原始的な唯一性に包まれ無垢で無害であった子どもは、イニシエーションによって無垢さと無害さを痛みとともに傷つけられ、孤独に晒され、唯一性に包まれている状態から出ることになる。ここに根本的な断裂が生じ対立物が存在するようになる。大人はこの世に対立物の接合部として存在しなければならず、覚めた現実的知覚は、超越的なものとの深い関係を築いているという。

(2) 賢治のイニシエーション

①根本的な断裂へ向かって

　初期作品の代表作である『注文の多い料理店』（1921-1922）序文で、賢治は「これらのわたくしのおはなしは、みんな林や野原や鉄道線路やらで、虹や月あかりからもらってきたのです」と述べている。賢治は、木々、鉱物、動物たちと神秘的融即ともいえる出会いの中で語られる言葉に耳を傾け、そのままを描いているのではないかということは多くの研究者によって指摘されている[注6]。この賢治の在りようは、Giegerichの述べる、超越的なものに包まれ、現実からファンタジーに切れ目なく移行する無垢の中に生きる在りようと言えよう。

しかし『小岩井農場』において、賢治は自らのこころの在りようを記述する「心象スケッチ」という方法論をもって歩行を始め、そして「黒い男」の視線によって脅かされることになった。他者の視線を怖れる対人恐怖的心性について「これまでの共同体に包まれているあり方を出て、近代的な主体や近代意識を確立させようとするときに生じる不安や葛藤と関係している」（138頁）と指摘する河合（2010）を参考にすると、次のように考えられるのではないか。物や集団のほうに主体があるあり方から個人の意識に主体が移されることで近代主体は成立し、「考える私」と「延長としての物体」注7が分離する。「考える私」の意識は自分の意識をも対象とし、ここに自意識が生じてくる。しかし対人恐怖においては、近代主体確立の契機に自意識によって生み出される視線が、周囲の存在と混じり合ってしまい他者に脅かされるように感じる。賢治の「心象スケッチ」は自分の意識を自分で記述する作業で近代主体確立への動きであり、自意識も先鋭化するが、それは黒い男という像と混じり合う。歩みを続ける中で、こうした主体確立や自意識の先鋭化が、共同体との間に不協和音を鳴らし自らを孤独に陥れていることが顕わになってゆく。賢治は転回し、自分自身を意識せずに共同体に包まれて調和していられた状態に戻ろうとするが、賢治の世界には銃を構えた黒い男がしっかりと存在するように、もはや自意識をもたずにいられた以前に戻ることは不可能である。共同体からの疎外感は強くなり、加えて、詩的試みも断念してしまったゆえに自分への信頼も弱まり、寄る辺ない思いが深まったであろう。ここで賢治は黒い男を見据え自分のものとし、「考える私」と「延長としての物体」を分離しきることで近代主体の確立へ向かうのではなく、転回した内容を削除し、詩の中に空白を残すことで終わっている。孤独を深めた賢治は自他の区別の曖昧な幻想世界に没入し、ここで調和的な関係をもつ存在と出会い、その実在性を宣言するが、作品全体の中に、ひいては自分のこころの中に連関をもって定位することが出来ているとは言い難い。

　現実において唯一調和的関係を築けていた妹の死が、賢治を妹との繋がりの回復を求める旅に向かわせる。『青森挽歌』で、賢治は宗教的幻想や科学的知識によっても捉えることの出来ない死という経験的現実に身を晒

していった。続く『宗谷挽歌』では、男の視線に喚起されて怖れが生じるが、妹の死という現実の切実さが怖れに耐える力を与えたのだろう、『小岩井農場』で歩行半ばで転回した時と違って、旅を継続し共同体からどんどんと離れてゆく。『オホーツク挽歌』では、水平的移動の極限に達し、死者と通信できる超越的体験への没入が切実に願われたが何も起こらなかった。むしろ「何も起こらないこと」によって妹との繋がりの断裂を経験し、賢治は自ら視線を転回させた。そして賢治が足下に広がる自分のいる現実の風景を的確かつ鮮やかに描き出すと、その中に超越的な世界が浮かび上がった。ここには世界と分離し、相対して視線を向ける主体としての賢治の姿がある。

　さらに賢治は上記の「何も起こらないこと」を、『銀河鉄道の夜』においてジョバンニの追求と断裂の物語として描こうとしたのではないか。賢治と妹の関係を彷彿とさせるジョバンニとカムパネルラであるが、その関係は血縁による繋がりのような明白なものではない。ジョバンニは共同体で共有される神さまを信じることは出来なくなっており、「たったひとりの神さま」という超越的なものとの独自の関係を追求する途上にいる。この追求を同じくする可能性がある無二の人間がカムパネルラであり、非常に個人的な関係である。皆が降車した後、汽車に残された二人の強い繋がりが表明される、と同時に二人の見ているものにずれが生じる。二人の繋がりはジョバンニにとって無二のものであったゆえに、ずれはごまかしようのないもので、ジョバンニに圧倒的な痛みを与えた。同時にジョバンニは、自分を包む世界に孔が生じていることも目の当たりにする。

　この後、ジョバンニは共同体に再び入っていくのだが、見田（1984）が「自分と世界とのかかわりの質の、〈冷たさ〉から〈暖かさ〉への転回」（51頁）と指摘するように、銀河の旅以前に色濃くあった共同体からの疎外感は、旅の後消えており、共同体との関係が変容している。自分を賭けて追求し、無二のものと深く関わったからこそ、旅の中で断裂は生じ、ジョバンニは痛みをもって断裂を自分のものとして体験した。もはや疎外感という共同体と自分の間、すなわち自分の外側にある断裂によって苦しむことは問題にならなかったのではないだろうか。Giegerichの述べるよう

に、断裂は原始的な唯一性に包まれた子どもに切れ目を入れる契機であり、この契機をわがものにすることによって、大人として断裂を抱えながら世界に生きることが可能になるのだろう。

上記のように、賢治の『小岩井農場』から『銀河鉄道の夜』執筆の過程は、主人公が歩みを進め、その都度断裂に出会い引き返すという動きを繰り返しながら、断裂自体へ近づき、断裂を自分のものとする過程であると考えられるのではないだろうか。

②幻想への没入と覚めた知覚

賢治にとって断裂を自分のものにすることは容易ではなかった。『小岩井農場』では「空白」としてしか示せず、『オホーツク挽歌』では「なにも起こらないこと」であった表現困難な体験を、『銀河鉄道の夜』という物語を作り、石炭袋の孔やカムパネルラとのズレという形で描くことを試み続けたのではないかと思われる。こうした断裂へ近づく過程を、賢治のもつ二面の相互作用が推進している。一方に、賢治には、自然や鉱物を含めた出会う対象と神秘的融即とも言える関係をもつ素質の上に、『小岩井農場』で宣言されるような、幻想のような超越的次元に没入し、対象の存在の実在性に確信を深めていくという面がある。もう一方に、幻想への没入に留まるのではなく、幻想が生じる自分の精神のあり方を、科学者としての合理的機能をもって内省し見通す目を精練していく面がある。

こうした二面の相互作用が最も顕著に見られるのは『銀河鉄道の夜』第3稿から第4稿への変化であろう。まず第1～3稿において賢治は、ブルカニロ博士という旅を外から支える保護的な人物を生み出し、博士に主人公を旅に引き込み、経験を強い、かつ地上に引き戻す役割を担わせることによって、幻想的な銀河の旅を豊かに展開した。主人公にとって、痛みがもたらされる旅は強制的に始められねばならず、博士の保護なくしては旅に没入して唯一無二のものを賭けて真摯に追求することはできなかったであろう。次に第4稿において、賢治は合理的側面や構造によって銀河の旅を成立させ、同時に博士の存在を削除する。この変化によって、主人公は銀河を外から眺めた後そこに入り出てくる、より主体的な存在となった。

そして何より、主人公は誰にも保護されることなく、断裂を一身に経験するものとなった。また『小岩井農場』において賢治は、自意識を黒い男に託したまま「考える私」と「延長としての物体」の分離が中途半端であったため、作品に空白を残し、現実と幻想を連結できなかったという脆弱性を有していた。しかし『銀河鉄道の夜』において賢治は、ブルカニロ博士という像に幻想の旅を成立させる役割を担わせたままにするのではなく、物語の構造という合理機能で幻想の旅を成立させ、そのリアリティを保ったまま現実と幻想を連結させようとしている。このように幻想への没入しきることと、その幻想を見つめる知覚によって、より断裂という自身の体験に近づくための主体性が育まれていったことが伺える。

以上より、『小岩井農場』から『銀河鉄道の夜』に至る執筆作業の底流には、賢治が追求の途上で根本的な断裂に出会い、その断裂のリアリティを描き出してゆく過程が流れていたと言えよう。その際賢治のもつ、幻想的世界の実在性を確信し没入する面と覚めた知覚をもつ合理的側面の相互作用が推進力となっていた。こうした過程は、賢治にとって、唯一性に包まれ漂う子どもの在りようから、根本的な断裂を含む大人としての在りようへ変容するイニシエーションという内的意味を有していたと理解された。

注

1　『サガレンと八月』『タネリはたしかにいちにち噛んでいたやうだった』は共に1924年に制作されたと推測される、『オホーツク挽歌』と関係が深い作品である。『サガレンと八月』では『オホーツク挽歌』での賢治と同じような場面において、主人公は海の向こうからやって来た犬神によって海の底の異界へ連れて行かれる、という物語を展開しようとするが完成せず中断されたままであった。『タネリはたしかにいちにち噛んでいたやうだった』では主人公は白い鳥に誘われて、森の奥へ入ろうとするが、入り口に立っている犬神を見て一目散に逃げ帰る話である。異界へ到ろうとする物語を創作しようとして断念していることからも、異界へ到れなかったことが賢治にとっての内的必要だったのではないだろうか。

2　「南無妙法蓮華経」のサンスクリット語。

3　『青森挽歌』には、まるで羅をまとう巨きな素足の生き物たちが行き来する、平らな世界を思い浮かべ、妹がその世界に居るのではないかと考えている。

『ひかりの素足』（1922〜1924と推定）でも天上のような世界が平らな世界として描かれている。
4　例えば『峯や谷は』（1921）から『マグノリアの木』（1923）への変化が挙げられる。
5　福島は妹の死（1922年）を挟んで初期と中期を分けている。
6　柴山（2007；187頁）、見田（1984；283頁〜）、鎌田（2001；3頁〜）参照。
7　Descartes, R. は『省察』（1641）において物体について考察し、物体には二重の性格があり、一つは形、位置、運動等の空間的広がり（延長）に関する性質であり、もう一つは色や音、香りといった感覚的な性質であるとする。その上で前者を物体の本質と捉えた。延長という性質によって物体は「考える私」と区別された。
8　賢治作品には一対の人物たちが繰り返し描かれている。初期作品『双子の星』（1918）では双子は無邪気に天の王様に見守られて試練を乗り越えてゆく物語で二人に断裂はない。『ひかりの素足』（1922〜1924と推定）は兄弟が遭難し、兄は生還するが弟は死ぬという断裂が描かれるが、弟は極楽で如来に見守られるという話である。一対の人物像の描かれ方が年月を経るに従い変化している。

文　献

天沢退二郎（1993）：宮沢賢治の彼方へ．筑摩書房．117-127, 195-212.
Descartes, R.（1641）：Meditationes de Prima Philosophia.（山田弘明訳（2006）省察．ちくま学芸文庫）
Eliade, M.（1952）：*Images et Symboles*. Paris: Gallimard.（前田耕作訳（1971）：イメージとシンボル．せりか書房）
福島章（1985）：宮沢賢治――こころの軌跡．講談社学術文庫．137.
Giegerich, W.（2012）：The Disenchantment Complex: C. G. Jung and the Modern World. *International Journal of Jungian Studies 4*, 1–17.
入沢康夫（1986）：解説．宮沢賢治全集　ちくま文庫．719-744.
鎌田東二（2001）：宮沢賢治「銀河鉄道の夜」精読．岩波書店．
河合隼雄（1986）：瀕死体験と銀河鉄道．国文学, 31(6), 13-20.
河合俊雄（2010）：発達障害への心理療法的アプローチ．創元社．138.
見田宗介（1984）：宮沢賢治――存在の祭りの中へ．岩波書店．
宮沢賢治：宮沢賢治全集　第1巻〜第7巻．ちくま文庫．
（『小岩井農場』第1巻；68-101,『オホーツク挽歌』第1巻；174-196,『宗谷挽歌』第1巻；269-276,『双子の星』第5巻；26-48,『ひかりの素足』第5巻；239-269,『マグノリアの木』第6巻；136-141,『サガレンと八月』第6巻；300-307,『タネリはたしかにいちにち噛んでゐたやうだった』第6巻；367-377,『銀河鉄道の夜』第

7巻;234－353,461－556,『注文の多い料理店』第8巻;15.『復活の前』第8巻;282－285,『峯や谷は』第8巻;286－289,『沼森』第8巻;296－297)
柴山雅俊（2007）：解離性障害――「うしろに誰かいる」の精神病理．ちくま新書．163－187.

● 要約

　本論では、宮沢賢治の作品、『小岩井農場』(1922)、『オホーツク挽歌』(1923)、『銀河鉄道の夜』(1924)における「転回」という動きに着目し、転回過程を描き出し、作品間の変化を追うことによって、賢治を執筆へと向かわせた内的必要性について論じた。三作品執筆の底流には、賢治が自分にとって特別な体験に結びつけられ、孤独の中で追求することによって根本的な断裂を体験し、描き出すことへ向かってゆく過程が流れており、その際、自分の体験した世界のリアリティにこだわり没入することと、現実的知覚という二側面の交互作用が大きな推進力になっていた。こうした作品執筆作業を経て、作品の主人公の主体が立ち上がるとともに、主人公と共同体との疎外感に彩られた関係が変化したことが読み取れた。この過程は賢治自身にとって、子どもとして唯一性に包まれ漂っていた存在から、根本的な断裂を含む存在への変容を遂げてゆく、イニシエーションの過程であったと考えられた。

　キーワード：宮沢賢治、転回、イニシエーション

Kenji Miyazawa:
An Essay Focusing on Turm-buck Motion

OKUDA, Chikako

Watanabe Counseling Room

　I focused on the turn-back motion in the Kenji Miyazawa's works, especially "Koiwai-noujyou", "An elegy on the Sea of Okhotsk" and "A Night on the galaxy train". I showed how the turn-back occurred and how his works changed at this point in time, and the inner needs that forced him to write. Mainly, I examined the undercurrent process in which Kenji experienced the fundamental rapture and how he managed to express this experience. The interaction between his devotion into the fantasy and the sober realistic appreciation of the fantasy played a major role in this process. As a result, his unique subjectivity increased, and his relationship with the community changed. This process was a form of initiation for Kenji, as had been contained within the oneness as a child. His experience of the fundamental rapture transformed him into a being who could contain the rapture.

Key Words: Kenji Miyazawa, turn-back, initiation

印象記

A Joint Jung/Lacan Conference 印象記

吉川 眞理
学習院大学臨床心理学専攻

　2014年9月12日から9月14日の日程で、英国ケンブリッジのSt John's College Cambridgeにおいて開催されたA Joint Jung/Lacan Conferenceに、分析家 Ann Casement 先生から「絶対におもしろいから！」というお誘いを受け、参加することにした。
　なぜ、ユング／ラカンなのか？　まずは今回の会議の発起人グループ（Lionel Bailly, Ann Casement, Phill Goss）が、それぞれラカン派（Lionel Bailly）、ユング派（Ann Casement, Phill Goss）である。彼らの学派を超えた交流が、その背景にある。そうは言っても、この発起人グループが決して英国のユング派分析家の多数派を代表しているわけではないことをお断りしておかねばならないだろう。ユング派に関して言えば、ロンドンだけでも5つのユング派のグループがあり、それぞれの訓練コースをもつ状況だという。ロンドンは、Michael Fordhamの理論をベースにした発達学派の拠点である。また精神分析同様、分析心理学も、ロンドン周辺では、社会が求める実践性に応えるべく、プラクティカルな色彩が濃い。これらの多数派グループとは異なる志向をもつユング派分析家たちであった。そして一方のラカン派は、ユング派以上に一匹狼から構成されており、一人ひとりがラカンに傾倒している個々である。そもそも英国人でありながら、仏語で書かれたラカンの文献を読み解こうとする英国のラカン派は、仏語を通して先進的な文化を吸収しようとする国際派、希少な学究肌だと言うと、偏見になるだろうか。
　それでも、A Joint Jung/Lucan Conferenceが、ケンブリッジの伝統ある

カレッジの Divinity School において、"The Notion of the Sublime in Creativity and Destruction（創造と破壊における崇高の概念）" というテーマを扱うという、魅力的な企画に魅かれた人々が、英国はもとより、米国、カナダ、ブラジル、フランス、ドイツ、スイス、オーストリア、フィンランド、ルクセンブルグ、トルコ、イスラエル、韓国、日本と各地から参集したのである。会議の参加者は、分析家に限定されておらず、文学、哲学など広い学術領域の人々、また若い学徒まで門戸が開かれていた。それは、プラクティカルというよりは、アカデミックな会議であり、知的イノベーションの発信であった。

会議のタイトルに惹かれて参加した参加者からは、ユング／ラカンというからには、半分はラカン派かと思ったのだけれど……というつぶやきも聞かれた。確かに、ふたを開けてみると、あるタイプのユング派、つまりラカンにもひとかたならぬ興味を抱いているユング派が参加者の多数を占めた会議になっていた。これに対して、ユングに興味を抱くラカン派は、存在したとしてもごく少数であるという推論には納得していただけると思う。

会議は、伝統ある St John's College Cambridge の一角に新たに建てられた現代的な会議棟である Divinity School の大会議室をメイン・ホールとして、小会議室5つを分科会の会場として、いずれも、熱い議論が展開された。

メイン・セッションでは、The Notion of Sublime（崇高）が、ラカン派の視点（Lionel Bailly）、ユング派（Phil Goss）の視点から論じられていた。それぞれに文学作品、および文学者の個人史を素材として、The Sublime（崇高）の概念を語る美しい講演であった。これらの講演は論文として、*Journal of Analytical Psychology* に掲載される予定とのことだった。ゲスト・スピーカーとして、英国の独文学者 Paul Bishop、英国のラカン派の長老 Bernard Burgoyne、米国のフェミニスティックなユング派分析家 Susan Rawland、骨太な個性の英国分析家 Luke Thurston らも、それぞれの The Sublime へのアプローチを披露したが、中でも Bernard Burgoyne は、ホワイト・ボードに、ラカンの数式をさらさらと書きつつ、学術人特有のアク

セントの英語でのその語りには、まるで数学の講義を受けているかのような錯覚を覚えた。後で聞くと、何と彼は元数学者であったということである。

　分科会は、主として各地の発表志願者によるセッションで、盛り沢山の内容であった。日本から発表エントリーした京大の博士課程在籍の堀川聡氏は、フロイト派のスーパービジョンを受けている事例経過を「Sublimation（昇華）」の概念を用いて考察し発表された。それは本会議においては数少ない臨床素材を扱うセッションでもあり、ユング派分析家が集まり、多くの女性分析家から熱い支持的助言が寄せられ、ある男性のユング派分析家をして、この分科会会場に母－息子のコンストレーションが現れている！と言わしめる事態となった。堀川氏は、ユング派分析家がいかに個性的で多様であるかという現実を肌で感じ取られたことと思う。

　さて、今回の会議の特色の一つは、開催場所が St John's College の会議棟であったことであろう。最も歴史ある Cambridge の College の一つである St John's は、近年、学寮生が退寮する期間、観光客の短期滞在にオープンされるようになった。洋の東西を問わず教育・研究機関の経営が厳しくなる時代が到来したことを感じざるを得ない。しかし、Cambridge や Oxford の College が、成立以来、時の権力から独立して私有財産を持ち、さまざまな経営手段によって資金を得て、教育学術機関として成立してきた歴史を振り返ると、観光ホテル化も学寮自治のために欠かせない資金の供給源と言えるだろう。

　何にせよ、学期中、学寮生たちが生活する部屋に滞在し、早朝、美しい庭園を散歩できたのは幸運であった。実際に寝起きしてみると古い学寮の個室は、機能的と言えば機能的だが、率直に言えば、石の牢獄のようで、冬学期はかなり鬱々した日々になりそうだ。

　一般予約であれば、滞在と朝食（イングリッシュ・ブレックファーストのビュッフェ）のところ、今回は会議の開催ということで、ハイテーブルのある食堂でのランチとディナーを毎食楽しめたことも貴重な体験であった。ディナーでは、ウェイターたちの初々しいサーブに、もしや、Cambridge の学生たちか？と女性陣は色めき立ったが、尋ねてみると、近

隣の他大学の学生であることが分かり、さもありなん……。Ann Casement が「ここは Cambridge では、一番、味がいいのよ」と言えば、Luke Thurston は、「いや King's College のメニューは、これよりも……」と反論が始まる。実際のところ、レストランの献立とは一味違うヘルシーな献立で、予想していたよりお味も良かったことを申し添えておきたい。夕方になると、学寮のあちこちから、蝙蝠のようなマントをつけたプロフェッサーたちが現れて、教授たちの食堂に消えていく。教授陣は、毎夕、この食事を共に囲みながら、学問や学務について議論するとの由。

　ランチで Phil Goss と隣り合った折に、この会場で開催できた経緯について伺ったところ、彼が研究の対象としていたロマン派詩人ワーズワース（William Wordsworth）が、この St John's の学寮生だったため、研究会に出入りしている縁があり、その今回の開催の許可を得ることができたということであった。

　最後に、もう一度、なぜユング／ラカンにおいて "The Notion of the Sublime" なのかを考えて、印象記の締めくくりとしたい。ユングとラカンは互いに出会うことはなかったが、両者それぞれに The Notion of the Sublime を探求した精神分析家であり、心理学者であった。それは The Sublime ではなく、The Notion of the Sublime の探求であることが重要なのだ。人間のこころ、精神が The Notion of the Sublime を生み出す事実に両者は着目していた。ラカンがフロイトの著作を客観的に読み深めたように、私たちもユングの著作をしっかり読み込む作業を通して、ユング心理学に新しい息吹を吹き込むことができれば幸いである。

第2回 The International Society for Psychology as the Discipline of Interiority 大会印象記

林 公 輔

慶應義塾大学医学部精神・神経科学教室

　2014年7月19日から21日の3日間、ドイツ・ベルリンにおいて、The International Society for Psychology as the Discipline of Interiority（ISPDI）の第2回大会が開催された。本学会は、ベルリン在住のユング派分析家であるヴォルフガング・ギーゲリッヒ（Wolfgang Giegerich）博士（以下、敬称略）に影響を受けた人々によって組織されたものである。ISPDI のホームページによると、2012年5月の時点で会員数は90名であり、小規模な学会であることが伺える。

　第2回大会のテーマは "The Psychological Difference" というものであった。ギーゲリッヒのいう The Psychological Difference とは、心理学は個々人の感情や性質に関わるものではなく、個人を超えた魂に関わるものであるという意味での区別のことであり、「心理学的差異」と翻訳されている（ギーゲリッヒ, 2013）。畑中千紘先生（京都大学こころの未来研究センター）は、「この学会における『心理学』とは、(中略)『内面性（interiority）』を重視する見方を中心としている。ここでの内面性をごく簡単にいうと、"外に対する内" とは異なり、"それ自体で完結していてその外側をもたない"、より厳密な意味での内面性を意味している」と、彼の心理学のキーワードの一つである Interiority について説明されている（畑中, 2013）。これに関連して、ギーゲリッヒの夢へのアプローチは個々のイメージが世界をもっているとみなして、どこまでもそれに沿って行く、徹底して内在的にイメージを見ていく（外側から見ない）姿勢を重視している（ギーゲリ

ッヒ, 2013)。

　ここで話は変わるが、大会初日、私は迷子になってしまった。会場の最寄り駅まで行けば何とかなると思っていたのだが、ベルリンの街は思っていたよりもずっと広く、一人途方に暮れていた。そこにたまたま河合俊雄先生（京都大学こころの未来研究センター）ご一行様（「様」というところに私の感じたありがたさがつまっている）が現れ、無事会場にたどり着くことが出来てホッとした。当初想定した通り、何とかなったのである。しかし最終日になって、実は私が滞在していたホテルからなら歩いたほうがずっと便利であることを、吉川眞理先生（学習院大学文学部心理学科）に指摘された。

　話を大会に戻そう。ギーゲリッヒは私の前に唐突に現れた。会場へとつながる階段をのぼると、どこかで見たことのある人物が立っていた。その人が、写真でしか見たことのなかったギーゲリッヒ本人であると認識するまでに少し時間がかかった。想像していたよりも細身の彼と握手をしながら初対面の挨拶を交わした。私のつたない英語での挨拶を、どうやら彼は理解してくれたようだった。どうしてかは分からないが、そう感じることができた。

　簡単なテーブルだけの受付でプログラムを受け取り、会場の中へと進んだ。天井の高い部屋には大きな窓が付いていたが、カーテンが光を遮っていて室内は薄暗かった。椅子の数は多くなく、何となくガランとした印象だった。他にも会場があるのだろうと思ったがそうではなく、この一部屋だけで、各国から集まった演者が順次発表を行うという形式だった。プログラムを確認すると、参加者の総数は48名であり（日本からは6名）、全員の氏名とメールアドレスが記載されていた。

　発表の仕方はそれぞれに自由だった。顔を上気させていかにも緊張した面持ちで発表するものもいれば、発表しながら涙ぐむものもいた。演者と聴衆との距離は近く、時折設けられたDiscussionの時間には活発な議論が展開された。参加者の同意を得られない意見に対しては厳しい見解が集中したが、それでも意見を曲げないというような場合もあって、そのような時には多くの参加者がうんざりしているように見えた。内在的なアプロー

チの訓練にはグループでの訓練が有効であり、イメージに沿った発言ならグループの中で賛同が得られる（河合, 2013）と河合俊雄先生が書いていたな、と思い出したりしていた。

　日本からは河合俊雄先生と田中康裕先生（京都大学大学院教育学研究科）がそれぞれ発表された。河合先生は "Initiation and Transcendence as Substantiated Goal or Psychological Difference: In Reference to Psychotherapy and Buddhism" というタイトルで発表され、差異（difference）について様々な例を挙げながら考察を深めてゆかれた。一つ例を挙げれば、重篤な身体疾患をもつ人々の夢においてよく見られる「家に帰る」というモチーフがもつ二重性（元気になって帰る自宅と、亡くなった後に戻る場所）について触れ、non-differentiation という仏教のもつ視点から考察を加えられた。発表の最後に先生は、病院を自宅であると認識する末期がん患者と、それを訂正しようとした医師との出会いの場面を描写されたが、私が医者であることもあってか、深く印象に残った。田中先生は "Jung's Substantial Denial of the 'Psychological Difference' in his Psychology" というタイトルで発表された。発表の中で田中先生は、ギーゲリッヒの最新刊に収録されている論文、"Jung's Millimeter: Feigned Submission- Clandestine Defiance: Jung's Religious Psychology" への考察を展開されていた。

　大会にはギーゲリッヒ本人も参加していたが、彼自身が意見を差し挟むことはそれほど多くなかったように思う。時折明確化を行う発言（だったと思う、おそらく）をされたが、そのことによって論点が明確になり、議論の流れがスムーズになるように感じられた。自分が提唱する心理学に基づいて、各国から集まった人たちが発表したり議論したりするのを聞いているのは一体どのような体験なのだろう。ギーゲリッヒを中心にして大会のすべてが動いていくのだろうと想像していたが、実際に参加してみると、そのような印象を私は抱かなかった。

　発表の合間にはコーヒーブレイクがあったし昼食もついていたので、そういった時間にはさまざまな国から来た参加者と交流することができた。参加者同士の距離の近さもこの学会の特徴だと思う。思い切って話しかけてみるとずいぶん親切に答えてくれたり、資料をメールで送ってくれたり

もした。英語が苦手なことで、参加者と私との間に距離が生じたことは確かだが、一方で、言葉が出来ないからこそ思い切ってその距離を縮めることができた側面もあったように思う。

　世界中から、ある特殊で限定された関心をもった人たちが集まったこの学会は、特殊で限定されているからこそ、さらには参加者が少なく、会場が一つしかなかったからこそ、自由な発言や活発な議論が可能になったのだろうと思う。初日に感じたガランとした部屋の感じは、だんだんと感じられなくなり、ちょうど良いサイズだと思えるようになっていった。限定されているからこそ生まれる自由や深まりがあると思う。私の思考は、治療構造と心理療法の関係やInitiationのほうへとフラフラ流れていくが、「印象記」の枠を超えるのでここで終わりにしたい。でも、こんな風に想像を刺激してくれることも、学会参加の楽しみの一つだと思う。

　　　　文　献

ギーゲリッヒ, W. 著, 河合俊雄編著, 田中康裕編（2013）：ギーゲリッヒ 夢セミナー. 創元社.

畑中千紘（2013）：The International Society for Psychology as the Discipline of Interiority 大会印象記．ユング心理学研究 第5巻．創元社．

河合俊雄（2013）：ユング派心理療法．ミネルヴァ書房．

文献案内

心理療法実践に関するユング心理学の基礎文献

北口雄一
北口分析プラクシス

　今回は、基礎文献としてユングの全集16巻『心理療法の実践（Praxis der Psychotherapie）』（1957年初版）を取り上げてみたい。この16巻は、有名な『転移の心理学』（1946年出版）が、その第13章として収められているのを特徴としているが、今回はむしろ基礎文献として、心理療法に関する講演録などが収められている第12章までを見てみたい。まず、最初にこの本の構成は以下のようになっており、参考にそれぞれの章の初出については（　）で、また出版された日本語訳が見つけられたものについては【　】で紹介した。

Ⅰ　序（ユング自身が1957年全集16巻出版の際に書いた2頁の序文）
Ⅱ　臨床的心理療法の基本（1935年の講演）【『心理療法論』林道義編訳，みすず書房，1989年に所収】
Ⅲ　心理療法とは何か（1935年，医学誌に掲載）
Ⅳ　現代心理療法の幾つかの視点（英語講演1929年のドイツ語訳）
Ⅴ　心理療法の目標（1929年の講演）【上記『心理療法論』所収】
Ⅵ　近代精神治療学の諸問題（1929年，医学誌に掲載）【『ユング著作集2　現代人のたましい』高橋義孝・江野専次郎訳，日本教文社，1955年初版，1970年改装初版，2014年デジタルオンデマンド版に所収】
Ⅶ　心理療法と世界観（1942年の講演）【上記『心理療法論』所収】
Ⅷ　医学と心理療法（1945年の講演）
Ⅸ　現代における心理療法（1945年の講演）

X 心理療法の根本問題（1951年, 専門誌に掲載）
（以上、第2章～第10章は第一部「心理療法の一般的諸問題」としてまとめられている）
XI 曝露の心理療法における価値（1921年英語講演のドイツ語訳）
XII 夢分析の実用性（1931年の講演）【『ユング著作集3　こころの構造』江野専次郎訳, 日本教文社, 1955年初版, 1970年改装初版, 2014年デジタルオンデマンド版に所収】
（以上、第11章、第12章と第13章「転移の心理学」は、第二部「心理療法の個別的諸問題」としてまとめられている。また各章題の訳は、翻訳があるものについては、その訳者による訳を用いた）

　上記の初出を見ていただくと目に留まるが、全集16巻は講演録が多く、読んでみると心理療法を専門にしているわけではない医者や知識人層を聴衆としてなされた講演が多いことが分かる。しかし、相手の専門が精神分析を始めとした心理学ではないだけに、ユングは自分の伝えたいことを分かりやすく伝えようと努めているように感じるし、聴衆が理解しやすいように具体的な例を数多く挙げているのが、全集16巻の特徴とも言える。それは、ユングが会っていた事例の印象的な箇所であったり、そのクライエントが語った夢であったり、ユングが実際に面接で何を言ったかであったりで、それらの具体的な例も手がかりに、わたしたち読者もまたユング心理学の心理療法に近づいていける。
　これはある意味、講演という形式だから可能だったのではないだろうか。より客観性や学術性が要求される論文等の形式であれば、それが実際に起こったという臨床における事実であっても、そこに普遍性があることが実証しにくい個々の具体的な事例ややりとりを載せることは困難が伴ったのではないかと思われる。実際、これらの講演で、ユングは非常に自由に自分の思いや体験を語っているのが伝わってくるのが、この全集16巻の魅力でもある。
　この全集のタイトルでもある「心理療法の実践」という言葉を聞いて、ユング心理学では心理療法で何をどうするのかという方法や、面接でこう

いう時にはこうする、こうして困ったときにはこう介入するというような教えがあるのではと想像して、期待する読者にとっては、この本は読んでもがっかりするものかもしれない。たしかに、経験の浅い臨床心理士であれば、そのまま不安や自信のなさから、何をどうするのか、困ったときにどうするのかという実際的な指針が欲しいと思うことも多いと思う。また、心理療法をしていて、ユング派だと私が言えば、何らかのユングならではの特殊な技法を用いて治療しているに違いないと想像されるのか、一体どのようなことをどのようにされているのですか、と聞かれることもしばしばある。このような「何を」「どのように」、という想像、期待、疑問をもつのも、至極普通のことだと思う。しかし、このいわば「How to」への期待に対して、その対極に立つのがユング心理学であり、この『心理療法の実践』なのである。

　「何を」「どのように」という期待は、技法への期待や問いと言い換えていいかもしれないが、それがどれだけ人間的な気持ちから行われたとしても、それは例えば、相手の「この問題をこのように変えていけたら」であったり、「この方法をこう用いて」であったりするわけだから、根本的には、技法という「もの」を用いて、相手を「操作しようとしている」ことに変わりはない。この『心理療法の実践』では、各章で様々な角度から、この技法という「もの」性、「操作」性とは対極のあり方が、先に触れた自由さでユングの口から語られていく。つまり治療者が用いているのは、技法という「もの」ではなく、治療者自身の「存在」だ、ということである。そして、わたしたちが相手を「操作する」のではなくて、相手は、相手のこころは、そのこころが自律的に動いていくところへと動き、それによって「こころ」がその人を「変えていく」ということなのである。わたしたちは自分自身の「存在」を用いており、そして「こころ」が自律的にその人を「変えていく」ということ、ユング心理学の訓練を受けた者にとっては肌身にしみている、これらのこころの真実が、この『心理療法の実践』の中でユングの言葉と共に結晶していくのを、わたしたちは改めて目にすることができる。

　河合隼雄が「聞くこと」が大事だと言うとき、これを技法だと取り違え

て、「聞く」という技法を実際に用い相手を「変えること」ができればと期待しても、そこに何も起こらないだろう。「話を聞くだけでどうなるのか」というのは、他の学派やクライエント自身からよく訴えられる疑義であるが、その通りである。「聞く」という技法を用いて、相手を操作しようと試みても、何にもならない。そうではなく、わたしたちは自分自身の「存在」をそこに賭け、クライエントの「こころ」がどう動くべきところに動き、クライエントを「変えていく」のかを、そこに起こりうる危険も常に感じながら「聞いている」のである。

　先に、この全集16巻ではユングが面接で何を言ったかが語られている具体例もあると触れたが、たとえば第5章「心理療法の目標」では、ユングが患者たちに見た夢を絵に描くことを勧めたという、有名なシーンが描かれている。しかしこれも同様で、わたしたちがユングのしたことの表面をなぞり、絵を描かせることを技法として用いても何にもならない。この『心理療法の実践』で語られる、いろいろな具体例は刺激的で、それはユングの伝えようとしていることにわたしたちが近づけるための熱い手がかりであるが、それを技法として用いようと思った瞬間に、それは生命を失った抜け殻になるのだろう。

　全集16巻の各章は、1921年から1951年にわたって世に出ている。これは、ユングの45歳から75歳の時代である。この時代は、ユングの歴史という点から見れば、1910年代半ばのフロイトとの決別の後、1921年に『タイプ論』が出版され、1944年『心理学と錬金術』が、1946年に『転移の心理学』が世に出た時代に対応している。またこの年月は、世界史の点から見れば、1934年にドイツでヒトラーが総統として独裁権力を掌握し、1939年に第二次世界大戦が始まり、1945年に終戦へと至った時代を内包している。

　わたしたちは上で述べた、心理療法では自分自身の存在を用いていること、こころが自律的にその人のあり方を変えていくことを、こころの真実として知っているが、しかし全集16巻の各章を時代順に読んでいくと、それは自明のことだったわけではなく、ユングがフロイトとの対決を通して発見してきたものだったこと、それは静的にそこにあったものではなく、動的に姿を現したものだったことが改めて分かる。ユングが心理療法でわ

たしたちは自分の「存在」を賭けていることを明らかにするとき、それは、精神分析では分析家は転移を受ける存在となっているとしても、やはり転移を技法として、患者を操作するための「もの」として用いているのに対して、そういう精神分析を徹底的に否定することによって生まれてきている。同様に、ユングが、「こころ」が自律的にその人を「変えていく」ことを明らかにするとき、それは、精神分析では転移解釈という技法を用いて「分析家」が相手を（たとえ良い方向にであっても）操作的に「変えよう」としているのに対して、そういう精神分析を否定することによって生まれてきている。それらが、そのようなフロイトとの、精神分析との対決を通して生まれてきたことが、この全集16巻を読んでいくとよく分かるのである。

　また、第9章「現代における心理療法」では転移についてがテーマとなっているが、幼児期における両親像が治療関係に投影されることに転移というものを限定し、治療においてはいわば操作的に転移を生じさせ、また最終的にはその転移を解消させるのを目標としている、フロイトと精神分析をユングはまず否定している。そしてユングは、転移とは人や世界と関係して生きているのが人である以上、なくてはありえないもので、創造性の源泉でもあり、転移が消滅することは非常に危険なことであることを、フロイトの転移理解の否定を通して見出していく。そして、現代人が今襲われている危機は、これまでこころの父親像、母親像を投影してきたキリスト教、教会、神が、ニーチェが神の死を宣言したように、生命を失い、生きていくための源泉であった転移が消滅してしまったことから生じていると語る。どこにも投影できなくなった、自らの土台としての父親像、母親像の投影が治療者への転移として起こっているのならば、フロイトが言うように転移を個人的な幼児期の再現の水準でのみ理解し、操作的に転移を解消に向かわせることがどれだけその患者に危険なことであるかを、警告している。そして、神の死によって消滅してしまった転移が、行き場を失って全体主義国家に投影されるしかなかったことを、自分の身を切るように言葉にしている。ユング心理学は転移を扱わないのではない。転移を、操作可能な「もの」として扱うのではなく、クライエントも、セラピスト

も、それぞれが存在としてユングの言う意味での転移をいかに生きるのか、それがテーマとなっていることが、この全集16巻からよく分かる。

　ここまで述べてきたように、ユング心理学では「心理療法の実践」における中心は、技法論ではない。逆に言えば、それが、ユング全集全体を見ても「心理療法の実践」に関する巻が一巻しかなく、他の巻に比べてもぶ厚くなく、また論文という形よりも講演録という形式が多い、という理由だと言える。もし心理療法の中心が、対象をどう（より良い方向に）操作していくかという技法論であったならば、書くことは容易であったであろうし、論文という形にもなりやすかったはずである。ユング派分析家資格取得のために、学位論文のほかに、6科目の最終試験が課されるが、その中に心理療法を行った事例についての試験がある。6科目のそれぞれに、チューリッヒ・ユング研究所が試験のための文献リストを作っているのだが、ここでもこの事例の試験に関する「基本文献」の数は他の科目に比べて少なく、この全集16巻と、これも論文ではなく講義録である "Seminare Traumanalyse 1928-30（『夢分析セミナー 1928〜1930年』）" だけである。ここからも、ユング心理学の心理療法実践においては、それが技法論でなく、ここまで述べてきたことがその中心となっているため、論文にはなりにくいことが見てとれるように思う。

　最初に挙げた、日本語に訳されている章の入った翻訳本は、すべて簡単に手に入るものばかりである。また、翻訳がされていない章も、特に講演録のものは分かりやすく書かれているので、英語の全集で読んでみるのもユングに触れるよい機会かもしれない。ぜひ手に取って、日々の心理療法の実践も振り返ってみていただければと思う。

海外文献

岸本寛史
高槻赤十字病院

　今回取り上げるナンシー・クリーガー（Nancy Krieger）の『意識への橋、コンプレックスと複雑性（*Bridges to Consciousness: Complex and Complexity*）』（Routledge, 2014）は、ユング心理学、特にコンプレックスと元型の概念に、ニューロサイエンスの観点から、新たな光を当てようとするものである。本書はいくつかの点において、類書には見られない独創性をもち、理論的にも臨床的にも示唆に富んだ内容となっている。

　精神分析においては、脳科学との統合を目指す神経精神分析（Neuropsychoanalysis）という新たな学問分野がすでに1999年に創始され、2014年には第15回の国際学会が開かれた。この学会ではニューロサイエンスの先端をいく脳科学者と精神分析家が一堂に会して活発な議論が交わされてきた。フロイトが精神分析の実践の中から生み出したさまざまな理論や概念が脳科学の知見に裏打ちされながら更新されていくのを目の当たりにできるのが魅力だが、これに対して、ユング派では、マーガレット・ウィルキンソン（Margaret Wilkinson）やジーン・ノックス（Jean Knox）、ジョージ・ホーゲンソン（George Hogenson）などごく少数の分析家がユング心理学の理論とニューロサイエンスの関係について言及するにとどまっている。このような状況で、ユング派の分析家によって、ユング心理学の概念をニューロサイエンスの観点から見直そうとする意欲的な取り組みがなされたことの価値は大きい。

　次に注目すべきは、著者が、意識を脳と心の創発現象（emergent phenomenon）と捉え、ユング心理学におけるコンプレックスや元型とい

った概念を、複雑性の理論から捉え直そうとしていることである。これは、物理学と情報工学の背景をもち、40年以上にわたってIT業界で仕事をした後にユング派分析家に転身した著者にして初めて可能となったことである。先に述べた神経精神分析では、臨床解剖学的方法が中心的方法論の一つとなっている。臨床解剖学的方法とは、失語症の患者の死後に脳を解剖すると、後にブローカ野と呼ばれることになる特定の領域が損傷されていたことから、この領域が言語に関わることが明らかにされたことを端緒として、臨床所見と解剖学的所見とを対応させながらその部位の機能を明らかにしていくという方法である。近年はCTやMRI、fMRI、PETといった脳画像検査の進歩により、解剖をしなくとも、器質的・機能的損傷部位を明確にすることが可能となっている。神経精神分析を創始したマーク・ソームズ（Mark Solms）の慧眼の一つは、脳の器質的損傷をもつ患者に精神分析的アプローチを行い、臨床解剖学的方法によって精神分析の概念を吟味、検討していったことにある。これに対し、本書では、複雑性の理論を基礎に据えてユング心理学の概念が再吟味されている。創発、アトラクター、自己組織化、グローバル・ワークスペース、力学系理論といったキータームを軸に、脳の神経相関物（neural correlates）を想定しながら仮説が構築されていく。これは神経精神分析ではほとんど見られることがなかった切り口であり、ユング心理学のみならず、深層心理学と脳科学の統合では先端をいく神経精神分析に対しても大きな示唆を与えうる書物と言える。

　ユング心理学とニューロサイエンスの接合点として、著者はコンプレックスに着目する。コンプレックス概念の発見に皮膚電気反応が寄与したことが示しているように、コンプレックス概念には身体が深く関わっているので、ニューロサイエンスとの接点を探るには好都合である。著者はコンプレックスをアトラクターと見なす。アトラクターとは、ある力学系（dynamical system：一定の規則に従って時間の経過とともに状態が変化するシステム）がそこに向かって時間発展をする集合のことを指す。ここで、情報工学の背景をもつ著者の本領が発揮される。コンプレックスをアトラクターと見なし、その制御パラメータ（control parameter）として、知覚、

本能と情動、エネルギーレベル、アウェアネス、記憶、象徴的イメージの６つの変数が、同じくその秩序変数（order parameter）として、意味／解釈という項目が、同定される。

　著者はこれらの変数を横並びに並置するのではなく、その反応時間に注目して、三層構造からなるダイナミックなモデルを提唱する。あるコンプレックスの布置の引き金となる何らかの刺激があると、千分の一秒単位でその刺激を「知覚」し、それに対するほとんど無意識的な「情動的」・「本能的」反応が生じる。これがコンプレックスの一次レベル（状態１）をなす。ここでの「知覚」は、感覚モダリティを通した身体的な反応であり、「情動（emotion）」と「本能（instinct）」はコンプレックスとリンクした記憶や連想を形作る上で中心的な役割を果たす要素である。そもそもユングはコンプレックスに言及する際、しばしば「感情に色付けられたコンプレックス」と述べて、感情の役割を強調していた。（ただし、ここでユングが述べる「感情（feeling）」は、タイプ論における「感情タイプ」の「感情」とは異なっており、現代の脳科学の用語では情動（emotion, affect）が適切であるとして、クリーガーは「情動」の語を用いている）。クリーガーは、これまで「本能」と呼ばれてきたものは「情動」と密接に結びついており、類心的元型（psychoid archetype）との関連で、身体性や生得性がより強調されたものと捉えている。こうして、引き金となる刺激を「知覚」し、「情動的」「本能的」反応が生じると、脳をはじめとする身体のさまざまな部位が固有の反応を起こし、多数の機能単位が同期して反応すると、「創発（emergence）」が生じるというのである。「創発」は複雑性の理論におけるキータームの一つであるが、小さな部分の集合が相互作用を行う中で、各部分には含まれないような性質が全体として現れることを指す。千分の一秒単位で生じる一次レベルの反応から「創発」されて、身体には闘争逃走反応に典型的に見られるような本能的な変化が生じ、身体の「エネルギーレベル」、生じていることに対する「アウェアネスのレベル」に影響を及ぼすと同時に、それに関連した「記憶」も（おそらくは無意識的に）動員される。これらの変化は、十分の二から五秒の範囲で生じる、二次レベルの反応（状態２）である。状態２は状態１と独立したものではな

く、相互に影響し合うフィードバックループが形成される。この両者の相互作用を通じて、最初の刺激から数秒から数十秒後に「象徴的イメージ（symbolic image）」が形成され、それが意味／解釈（meaning-interpretation）を生む（三次レベルの反応、状態3）。状態3は状態1と状態2に影響を与え拘束する（enslavement）。こうして、線形的因果関係ではなく、非線形的な、あるいは円環的な因果関係によって、局所的な複数の相互作用が複雑に組織化することで、個別の要素の振る舞いからは予測できないようなシステムが構成されるのである。以上が、コンプレックスが布置した時に生じる一連の反応である。ここで詳述はできないが、そのそれぞれのステップにおいて、それに対応する神経相関物も検討されていて、説得力がある。

　続いて、著者の論考は元型へと向かう。クリーガーはまず、ユングの著作集から「元型」について言及されている部分を逐一検討して、ユングが元型をどのように捉えていたかをリストアップし、ユングが「元型」という言葉にどういう意味を込めようとしていたかを踏まえた上で、「類心的なもの（the psychoid）」であることに第一義的な重要性を置く。そして、元型が「本能」と「イメージ」という二つの極からなる構造をもつことを明らかにする。アンソニー・スティーブンス（Anthony Stevens）、ホーゲンソン、マクソン・マクドゥエル（Maxon McDowell）、ノックスらの元型論がそれぞれ、この二極を軸にしてどこを強調し、どのように展開されているかを概観したあとで、元型が、幼児の脳と環境の相互作用の中から出現／創発（emerge）してくるとして、発達の中で元型的イメージが形成されることに焦点を当てる。ただ、神経的相関物を考える上では、先述のごとく、現代のニューロサイエンスでは「本能」という言葉が用いられなくなっており、それとほぼ重なる概念として「情動（emotion）」との関連を探っていく。そして、元型的イメージ（元型の一方の極）の発達において、「情動」（元型のもう一方の極）に関連した基本的欲求が満たされるか否かが重要な要因となり、後にコンプレックスの形成につながる、との立場をとる。

　「情動」（本能）は、コンプレックスの制御パラメータの中でも中心的な

重要性をもつことはすでに触れたが、元型的イメージの形成においても重要な位置を占める。ここで、コンプレックスと元型が近接することになる。クリーガーは、元型とコンプレックスの主な違いを、意識との関係にみる。すなわち、コンプレックスは、意識から切り離されてはいるが、かつて何らかの形で意識的ではあったものであるのに対し、元型は集合的無意識から生じ、パーソナリティに完全に統合することはできない。しかしその他の点では、元型とコンプレックスは同じように振る舞う。結局のところ、元型の布置は自律的コンプレックスのそれとの違いは、それが由来する無意識の深さにあるということになる。ポストユンギアンがよく用いる「コンプレックスは元型的な核を持つ」という言い方は、ユングの言葉ではないがユングの主張をよく捉えており、この「元型的な核」が、その人の素質と環境との相互作用の中からコンプレックスが形作られる際の型を決定する、自己組織的な原理であると彼女は理解している。これに引き続いて、元型の布置の体験とその神経相関物についての論考が展開されている。

　次いで自我コンプレックスの発達について、さまざまな科学的基礎研究を踏まえながら考察がなされる。ここで注目すべきは、個々のコンプレックスと自我コンプレックスを概念的にある程度区別し、自我コンプレックスを、種々のコンプレックスから成る、コンプレックスの集合体と捉えていることである。さらにその発達については、素因的な要因と環境との相互作用の双方の要因が関係していることが強調されている。著者はマーク・ルイス（Marc Lewis）とロリ・ダグラス（Lori Douglas）による状態空間モデル（state space model）を援用して、心の風景を描き出そうとしている。これは当事者にかかる要因と環境との相互作用にかかる要因の二軸からなる平面に、個々のコンプレックスや自律的コンプレックス、自我コンプレックスを配置して、心の力動を直線的にではなく、二次元的に捉えようとするものである。素因と関係性の双方を考慮に入れられるこのモデルは、自我コンプレックスを構成する複数の個々のコンプレックスや自律的コンプレックスとの関係をうまく可視化してくれる。最後に、意識の創発に著者が最も重要と考える3つの橋、すなわち、象徴的意味の創発、自己の概念、そして、グローバル・ワークスペースの形成について論じて締

めくくられている。

　以上、駆け足で本書を概観したが、全体としては、コンプレックスの布置や元型の布置から意識が創発してくる機序を、その神経的相関物を想定しながら、緻密に解き明かそうとしていて、非常に示唆に富んでいる。今後の展望として二点ほど評者の感想を述べると、一つは、最近評者らが訳したフィリップ・ブロンバーグ（Philip Bromberg）(2011)の『関係するこころ』（誠信書房，2014）で展開されている「自己-状態（self-state）」という概念を「コンプレックス」概念と対比させてみたいと思った。ここで「自己-状態」とは「認知、信念、主な情動と気分、記憶へのアクセス、スキル、行動、価値、作用、生理的調整などが自分自身のまとめ方で独自に組織化」されたもので、瞬間瞬間に不連続に切り替わっていくものとされている。さまざまな「自己-状態」の中でもアトラクターとしての性質をもつ状態がコンプレックスに相当すると考えられる。コンプレックスを「自己-状態」一般の中の特殊な状態と位置づけることでコンプレックス論に新たな地平が開けるのではないかと感じた。

　もう一つは、著者が重視している「情動」について、神経精神分析における神経学の方の柱であるヤーク・パンクセップ（Jaak Panksepp）が最近出版した『心の考古学（*The Archeology of Mind*）』(W. W. Norton & Company, 2012) の中で、大脳皮質を重視する読み出し理論（ルドゥーのモデルもここに含まれる）を批判して、3つのレベルからなる情動のモデルを提唱し、7つの基本的情動について論じている。著者は情動に関する議論でしばしばルドゥーを引用しているが、パンクセップのモデルを取り入れたほうが、著者のコンプレックス論も元型論も広がりと深みを増すのではないかと思われた。

　現代のユング派の間では残念ながらニューロサイエンスへの関心は薄いように見えるが、ユングは終生、最先端の科学に関心を持ち続けており、脳科学への関心は、ユング心理学の重要な柱であるはずである。本書でなされたことは、ユングが現代に生きていればきっと取り組んだであろう仕事だと思われた。

『ユング心理学研究』投稿規定　　　　　　　　　　　　　　　（2012. 09. 改定）

本誌に分析心理学に関する研究論文の投稿を希望される方は，以下の投稿規定にしたがって投稿して下さい。

Ⅰ　投稿資格
1．論文の投稿資格は，日本ユング心理学会正会員に限る。ただし，編集委員会からの依頼論文については，この限りではない。

Ⅱ　論文の内容と文字数
2．本誌は，ユング心理学に関する学術論文を掲載するものとする。内容的には，臨床心理学・精神医学の領域に限らず，文化人類学・民俗学・宗教学・哲学・芸術等の領域を含めた広く学際的なものも受け入れる。論文の内容は未公刊のものに限り，分量は16,000字（40字×40行×10枚）を限度とする。
ただし，依頼論文の場合はこの限りではない。
なお，図表類はその大きさを本文に換算して，字数に算入すること。

Ⅲ　原稿作成に関する一般的注意
3．原稿はA4用紙を用い，1ページあたり40字×40行（1,600字）とすること。
4．原稿は，ワープロを用いて作成することが望ましい。
5．原稿は横書きで，原則として常用漢字・新かなづかいを用い，数字は算用数字を用いること。外国語はすべてワープロ（タイプ）で打つこと。
6．Th., Cl., SCなどの略語は原則として使用しないこと。ただし，記述が煩瑣になることを避けるために用いる場合等には，初出の際にその略語の意味を明示した上で，使用すること。

Ⅳ　プライバシーへの配慮
7．臨床事例を用い，クライエントに関する情報を記載する必要が生じる場合には，記載する情報は最小限度とし，プライバシーに十分配慮すること。

Ⅴ　外国語の表記
8．外国の人名，地名等の固有名詞は，原則として原語を用いる。その他の外国語はなるべく訳語を用いること。外国語を用いる場合は，初出の際訳語に引き続いて（　）をつけ示すものとする。

Ⅵ　図表
9．図や表は，図1，表1など順序をつけ，それぞれに題と内容を原則として和文で記載すること。

Ⅶ　引用
10．本文中に文献を引用した場合は，引用した箇所を「」などでくくり明示すると同時に，著者名と公刊年，頁数を記載すること。
　　a）本文中に，著者名を記載する場合
　　　　河合（1995）は，「○○○」（○頁）と述べている。
　　b）引用の終わりに，著者を示す場合。
　　　　「○○○」（河合，1995；○頁）。
　　c）訳本の場合には，原典の発行年と訳本の発行年を，"/"で併記する。
　　　　本文中記載：Jung（1935/1987）引用末記載：（Jung, 1935/1987）
　　d）著者が複数いる場合には，筆頭者のみを挙げ，和文献であれば"ら"，洋文献であれば"et al"を用いる。

Ⅷ 引用文献

11. 引用文献は，引用箇所の末尾に頁数を明記し，かつ本文の終わりに「文献」の見出しで，著者の姓を規準にしてアルファベット順に一括して記載すること。

   a）雑誌の場合：著者名，公刊年（西暦），論題，誌名，巻（ゴチック），号，記載頁の順序による。なお，雑誌名の記載に際しては，和・欧いずれの場合でも，略語は用いない。

   邦文例）横山博（1995）：ユング派の心理療法における転移／逆転移．精神療法, 21(3), 234-244，金剛出版

   洋文例）Giegerich, W. (1999): The "Patriarchal Neglect of the Feminine Principle": A Psychological Fallacy in Jungian Theory, *Harvest 45*, 7-30.

   b）単行本の場合：著者名，発行年度（西暦），書名，発行所，引用頁の順序とする。ただし編者と担当執筆者の異なる単行本の場合は，該当執筆者を筆頭に挙げ，以下，発行年度，論題，編者名，書名，発行所，頁の順とする。

   邦文例）赤坂憲雄（1985）：異人論序説．砂子屋書房．

   洋文例）Hillman, J. (1975): *Re-Visioning Psychology*. Harper & Row.
   Bosnak, R. (1997): *Christopher's Dreams*. Bantam Dell Pub Group.（岸本寛史訳（2003）：クリストファーの夢．創元社）

   c）上記とは別に，ユング全集（ドイツ語版，英語版）からの引用については，引用箇所の末尾に，頁数ではなく，パラグラフ数を明記すること。（Jung, GW7, par. 28 あるいは Jung, GW7, §28）

Ⅸ 英文要約

12. 研究論文については，上記のほかに100〜175語以内の英文要約と，3つのキー・ワードを添えて投稿すること。これらの投稿要領は次による。

   a）英文要約（ABSTRACT）として，英語の論題と氏名・所属につづけて，要約を記述すること。

   b）Key Words として，3種の英語をアブストラクト本文の2行下段に記載すること。

   c）英文要約の邦文訳（400字以上450字以下），および邦語のキー・ワードをA4用紙1枚に記載して添えること。

   d）英文は英語の専門家の校閲を経ていること。

Ⅹ 特別な費用が必要な場合

13. 論文の掲載に際して，印刷上特別の費用を要する事情が生じた場合は，当該投稿者が負担するものとする。

Ⅺ 投稿原稿の提出

14. 投稿原稿は，投稿原稿（正）とは別に，そのコピー2部（副），計3通をとりそろえ下記宛に提出すること。コピーにおいては，氏名，所属，謝辞などを削除する。郵送の場合は必ず簡易書留によること。

   日本ユング心理学会 編集委員会
   〒541-0047 大阪市中央区淡路町4-3-6　株式会社 創元社内

『ユング心理学研究』バックナンバー
第1巻、第2巻のご購入については、下記までお問い合わせください。
一般社団法人日本ユング派分析家協会（AJAJ）事務局
E-mail: infoajaj@circus.ocn.ne.jp　　Fax: 075-253-6560

第1巻特別号……日本における分析心理学（2009年3月）

- ●まえがき　　　　　　　　　　　　　　　　　　　　　　　　　　　　　　川戸　圓
- ●開会の辞　　　　　　　　　　　　　　　　　　　　　　　　　　　　　樋口和彦

第Ⅰ部　基調講演　　　　　　　　　　　　　　　　　　　　司会・通訳：河合俊雄
- ●笑いと沈黙（Laughter and Silence）　　　　　　　　　　　講師：ジェームズ・ヒルマン

第Ⅱ部　シンポジウム〈日本文化と分析心理学〉　　　　　　　　　　　　司会：川戸　圓
- ●『風土記』から『遠野物語』へ──河合隼雄の昔話論の導きのもとに　　　　赤坂憲雄
- ●河合中空構造論と、権力と脱権力のあわい──トリックスター知の再考　　鎌田東二
- ●討論：赤坂憲雄 vs. 鎌田東二

第Ⅲ部　シンポジウム〈日本における分析心理学と精神分析学〉　　　　　司会：伊藤良子
- ●日本における精神分析学──劇的な精神分析　　　　　　　　　　　　　　北山　修
- ●日本における分析心理学──日本人の意識の多層性、多様性、解離性　　　河合俊雄
- ●討論：北山　修 vs. 河合俊雄　　　　　　　　　　指定討論者：伊藤良子、武野俊弥

- ●閉会の辞　　　　　　　　　　　　　　　　　　　　　　　　　　　　　横山　博
- ●あとがき　　　　　　　　　　　　　　　　　　　　　　　　　　　　　河合俊雄

第2巻……ユングと曼荼羅（2010年3月）

シンポジウム
- ●基調講演「ユングと曼荼羅」　　　　　　　　　　　　　　　　　　　　中沢新一
- ●討論──基調講演を受けて　　　　　　　　　　　指定討論者：河合俊雄・川戸　圓

論　文
特別寄稿
- ●深層心理学から見た華厳経（HUA YEN CHING）
  〔大方広佛華厳経（Buddhavatamsakanama-Maha-Vaipulya-Sutra）〕の宇宙　　山中康裕

研究論文
- ●「見えないもの」への名付けとしての〈異人〉──柳田国男の『遠野物語』を手掛かりに
  　　　　　　　　　　　　　　　　　　　　　　　　　　　　　　　　　　竹中菜苗
- ●諏訪大社ミシャグジ儀礼に関する分析心理学的考察──上社大祝即位儀礼について
  　　　　　　　　　　　　　　　　　　　　　　　　　　　　　　　　　　吉川眞理
- ●動きつづける〈わたし〉と"賢者の石"の生成プロセス
  　──注意欠陥多動性障害の男子との箱庭療法　　　　　　　　　　　　　田熊友紀子

第3巻……魂と暴力（2011年3月）

シンポジウム
- 基調講演「暴力の由来」 山極寿一
- 討論──基調講演を受けて 指定討論者：河合俊雄・宮野素子

論　文
研究論文
- 個性化と多元的宇宙──ジェイムズ思想によるユング心理学再考 小木曽由佳
- 幻獣のアクティブ・イマジネーション 中島達弘
- 出会いと別れの接点──末期がん患者との面接過程 西牧万佐子
- 軽度発達障害における『イメージと言葉の乖離』について 渡辺あさよ

大会印象記

第4巻……昔話と日本社会（2012年3月）

シンポジウム
- 基調講演「河合隼雄の『昔話と日本人の心』を読む」 大澤真幸
- 討論──基調講演を受けて 指定討論者：河合俊雄・川戸　圓

追悼文
- ジェームス・ヒルマン博士の最後の日々を共にして 樋口和彦

講演録
- エラノスと分析心理学──河合隼雄にも触れつつ写真で歴史を振り返る
  ポール・クーグラー

論　文
研究論文
- ユング『赤の書』と『タイプ論』 小木曽由佳
- 主体の成立と他者の出現
  ──児童期にアスペルガー障害と診断された14歳男子との面接経過 橋本尚子
- 諏訪大社ミシャグジ儀礼に関する分析心理学的考察　その2
  ──上社豊穣儀礼における犠牲について 吉川眞理

第5巻……心の古層と身体（2013年3月）

シンポジウム
- 基調講演「心の古層と能」　　　　　　　　　　　　　　　　　　　　内田　樹
- 討論──基調講演を受けて　　　　　　　　　　指定討論者：鎌田東二・川戸　圓

講演録
- ユングの『赤の書』の背景と可能性　　　　　　　　　　　　　ソヌ・シャムダサーニ

論　文
研究論文
- 解離にみるリアリティとの邂逅──20代女性との面接過程　　　　　　　　　長野真奈
- 夢と描画表現にみる「母性」の傷つきと癒し　　　　　　　　　　　　　　井上靖子
- 女子大学生の夢に見られた dismembered body image について　　　　　　斎藤清二

印象記
文献案内

第6巻……河合隼雄の事例を読む（2014年3月）

シンポジウム
- 河合隼雄の事例を読む　　　　　　　　　　　　　　　事例報告者：川戸　圓
- 討論──事例報告を受けて　　　　　　　　　　指定討論者：角野善宏・猪股　剛

特別寄稿
- 臨床家・河合隼雄の変容　　　　　　　　　　　　　　　　　　　　大場　登
- 河合隼雄の臨床──コンステレーションを中心に　　　　　　　　　　皆藤　章
- 医学と河合心理学を結ぶ　　　　　　　　　　　　　　　　　　　　斎藤清二

追悼文
- 生と死のはざまでイメージと遊んだ「達人」──樋口和彦先生を偲ぶ　　　名取琢自
- 追悼・樋口和彦先生　　　　　　　　　　　　　　　　　　　　　　河合俊雄

論　文
研究論文
- 日本人の宗教性──日本人の宗教性とカウンセリングの関わりについて　　加藤廣隆
- ユング心理学と個別性（eachness）の世界──『赤の書』から錬金術研究へ　小木曽由佳

印象記
文献案内

第 7 巻第 1 号……ユング派の精神療法（2014年6月）

講演録
- 私のユング派の精神療法　　　　　　　　　　　　　　　　　　　　　　武野俊弥

シンポジウム
- 基調講演（要旨）「身殻と身柄」　　　　　　　　　　　　　　　　　　鷲田清一
- 討論——基調講演を受けて　　　　　　　　　指定討論者：伊藤良子・河合俊雄

論　文
研究論文
- 手談、爛柯、箱庭療法——思春期型不登校と遊ぶ　　　　　　　　　　　篠原道夫
- 心理療法の終結とは——クライエントにもたらされる意識の地平　　　　北川　明
- 高機能自閉症を疑われる中学生男子とのプレイセラピー過程——「素顔の模索」　渡部あさよ
- 夏目漱石の『夢十夜』に映し出された明治の「集合的心」の考察　　　　吉川眞理
- 性被害を契機にした身体と女性性における解離の解消過程——"見る"ことと"見られる"ことという視点から　　　　　　　　　　　　　　　　　　　　　　　坂田真穂

文献案内

日本ユング心理学会編集委員会
委員長：豊田園子
委　　員：猪股剛・岩宮恵子・皆藤章・河合俊雄・川嵜克哲・
　　　　　岸本寛史・北口雄一・桑原知子・田中康裕・名取琢
　　　　　自・山口素子

ユング心理学研究　第7巻　第2号
日本文化とイメージの力
2015年3月10日　第1版第1刷発行

編　者……………日本ユング心理学会
発行者……………矢　部　敬　一
発行所……………株式会社 創 元 社
http://www.sogensha.co.jp/
本社 〒541-0047 大阪市中央区淡路町4-3-6
Tel.06-6231-9010　Fax.06-6233-3111
東京支店 〒162-0825 東京都新宿区神楽坂4-3 煉瓦塔ビル
Tel.03-3269-1051
印刷所……………株式会社 太洋社

©2015, Printed in Japan
ISBN978-4-422-11497-2 C3311

〈検印廃止〉

落丁・乱丁のときはお取り替えいたします。

JCOPY 〈(社)出版者著作権管理機構 委託出版物〉
本書の無断複写は著作権法上での例外を除き禁じられています。
複写される場合は、そのつど事前に、(社)出版者著作権管理機構
（電話03-3513-6969、FAX 03-3513-6979、e-mail: info@jcopy.or.jp）
の許諾を得てください。

赤の書　C.G.JUNG THE RED BOOK LIBER NOVUS

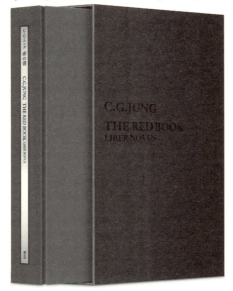

半世紀余の封印を経て、ついに解き放たれた幻の書。美しいカリグラフィーによる文面、強烈なヴィジョンの体験を極彩色の緻密な構成で描きだした134点もの絵の数々――ユング思想の中核をなす概念の萌芽のすべてがここに。

A3判変型・上製・456頁
特製化粧函入・特別仕様豪華本
定価（本体40,000円＋税）

赤の書 ［テキスト版］

原寸大のファクシミリ版『赤の書』が公刊されて以来寄せられてきた携帯に適した判型をとの要望に応じて、複写頁を除いたすべてのテキストを収録、コンパクトで廉価なA5判として再構成。ファクシミリ版の複写頁との同時参照用として、また、マーキングや書き込みも可能な「使う『赤の書』」として、より深い理解のために最適な一冊。

A5判・並製・688頁　定価（本体4,500円＋税）

C・G・ユング［著］　ソヌ・シャムダサーニ［編］
河合俊雄［監訳］　河合俊雄・田中康裕・高月玲子・猪股剛［訳］